Billy Backenzahn

Karlheinz
Groß

BILLY BACKEN-ZAHN

Mit Illustrationen des Autors

Thienemann

Inhalt

Billy Backenzahn
Geschichten vom großen Wachhund, der immer lachte

Für Elfi, Arno und Evgeni

Inhalt

Der Lachhund

In einem kleinen Tal unter schönen alten Bäumen steht ein Haus fast ganz aus Holz. Da wohnen mein Herrchen Kalle, mein Frauchen Elfi und ich. Ich heiße Billy Backenzahn und bin ein ziemlich großer, schwarzer Wachhund – ein Riesenschnauzer. Mein Herrchen ist recht dick und hat selten Lust Gartenarbeit zu machen. So haben wir um unser Haus eine Wiese mit bunten Blumen, Büschen und hohem Gras, in dem man sich verstecken kann.

Ich finde die Wiese spitze, man kann sich auch herrlich darin herumwälzen, Mäuse jagen und Knochen verbuddeln. Herrchen sieht nämlich im hohen Gras die Löcher nicht und ist nicht sauer.

Aber eines Tages war er es doch. »Elfriede«, sagte er zu Frauchen, das sagt er immer, wenn er aufgeregt ist. »Unser Hund lacht! Ein Wachhund, der lacht! Wo gibt's denn so was! Vor so einem Wachhund hat ja kein Mensch Angst. Wenn jemand ans Gartentor kommt und Billy rennt hin und lacht, anstatt zu bellen, dann lachen die Leute auch und fürchten sich nicht vor ihm!«

Dabei bin ich einfach nur stolz auf meine schönen großen weißen Zähne und möchte sie allen zeigen.

Als nämlich eines Tages Kinder vor dem Haus Ball spielten, bin ich zum Zaun gerannt und habe meine Zähne gezeigt.
Dabei habe ich immer mein Maul auf und zu geklappt und die Lippen hochgezogen. Ein bisschen habe ich natürlich zwischendurch auch gebellt. »Der lacht ja«, haben die Kinder gerufen. »Guckt mal, ein Wachhund, der lacht! Mann, ist der lustig! Kommt, der kriegt von uns was zu fressen!«

Und sie haben mir tatsächlich ein Stück altes Brot über den Zaun gereicht. Das fand ich prima. Zu mir sind jetzt alle Leute sehr nett und nennen mich den großen schwarzen Hund, der immer lacht.

Nur Herrchen mufft ganz schön und knurrt mich manchmal an: »Du bist mir ein schöner Wachhund, Billy Backenzahn – ein Lachhund bist du!«

Hundeschule

Heute bin ich zum ersten Mal in die Schule gegangen, und das kam so: Herrchen ruft mich zu sich und sagt mit bedeutungsvoller Miene: »Billy Backenzahn, ab jetzt gehst du in die Hundeschule!«
Au Backe, denke ich, ich möchte viel lieber spielen, lachen und Quatsch machen, als in eine doofe Hundeschule gehen.
Viel früher als sonst nimmt Herrchen Halsband und Leine vom Haken, fährt das Auto aus der Garage und los geht's in Richtung Hundeschule. Das ist vielleicht eine tolle Sache! Lauter Schnauzer – große, mittlere und kleine Zwergschnauzer. Alle mit Herrchen oder Frauchen. Die sind aufgeregter als wir Hunde! Natürlich bellen einige, aber mehr zur Freude und um den anderen zu imponieren. Und dann fängt es an.

Ein dicker Mann (noch dicker als Herrchen) stellt sich in der Mitte der Wiese auf und ruft: »Nun wollen wir mal das richtige Laufen an der Leine lernen!«

Wir müssen mit den Herrchen geradeaus und im Kreis laufen, Zickzack und Schlangenlinien. Das ist vielleicht doof, als ob ich auf dem Bürgersteig Schlangenlinien laufen würde. Das tut höchstens Herrchen, wenn er zu viel Bier oder Wein getrunken hat.

Dann müssen wir über einen kleinen Zaun springen. Immer mit Herrchen. Der kommt ganz schön ins Schwitzen, und nach Luft schnappen muss der!

Als wir dann noch im Kreis rumrennen sollen, fragt er schon nach zwei Runden, ob er nicht mal Pause machen könne, er müsse mal.

Was bloß ’ne faule Ausrede ist, er ist nämlich müde und hat genug vom Rumrennen. Mir ist das recht, so kann ich gemütlich an den Bäumen und

Büschen herumschnüffeln. Das ist viel aufregender, als an der Leine im Kreis herumzugehen.
Auf der Heimfahrt meint Herrchen: »Billy, hast du gemerkt, wie sportlich wir beide sind?«
Da muss ich aber ein klein bisschen lachen.

Die Zwillinge

Heute war ein lustiger Nachmittag.
Herrchen kommt vom Einkaufen zurück und schleppt Tüten, Taschen, Kartons mit Hähnchen und Würstchen, Kisten mit Bier und Sprudel und einen tollen roten Ball mit weißen Punkten.
»Elfi«, sagt er, »heute kommen die Zwillinge. Bei dem schönen Wetter wollen wir ein Grillfest machen.«
Die Zwillinge, das sind Annette und Constanze. Sie sind mit Herrchen und Frauchen befreundet, aber ganz besonders mögen sie mich. So gegen fünf Uhr, Herrchen qualmt mit seinem Grill die Gegend voll, kommen die beiden »klingeling, klingeling« mit ihren schicken Fahrrädern angesaust – Annette hat ein rotes, Constanze ein blaues.
Vor lauter Wiedersehensfreude müssen wir alle

drei ganz kräftig lachen und rennen über die Wiese.

»Mensch, Kalle«, ruft Annette, »hast du einen schönen neuen Ball! Komm, Billy Backenzahn, wir spielen Fußball!« Damit meint sie mich.

»Erst muss der Tisch gedeckt werden«, brummelt Herrchen, »dann wollen wir gemütlich

essen und hinterher können wir zur Verdauung etwas tun.«

Die Zwillinge decken also den Tisch. Frauchen bringt Limo und Bier und Herrchen brutzelt inzwischen Würstchen und Hähnchenkeulchen. Da läuft mir das Wasser im Maul zusammen. Wie die alle futtern können und ich muss zugucken. Das ist eine Gemeinheit!
»Kriegt Billy auch eine Wurst?«, fragt Constanze.
»Nein, Hunde sollen am Tisch nichts kriegen«, belehrt sie Herrchen. »Und Hühnerknochen soll man Hunden überhaupt nicht geben.«
Dann ist endlich das Essen vorbei. »Jetzt spielen wir Fußball, ja, Kalle?«, fragt Annette.
»Ach, spielt ihr mal alleine, ich habe zu viel gegessen«, antwortet Herrchen und legt sich in die Hängematte. Die Zwillinge und ich spielen dafür umso wilder.
Plötzlich … peng … pffffft! Der Ball wird klein und kleiner. Ein Loch ist drin. Ich hab wohl zu doll zugebissen mit meinem großen Eckzahn.
»Der schöne neue Ball«, jammert Herrchen.
»Du hättest Billy etwas zum Fressen geben sollen, dann hätte er nicht so fest zugebissen«, rufen

die Zwillinge. Herrchen guckt ganz schön dumm.
Wir drei müssen über sein Gesicht so lachen, dass er davon angesteckt wird und nicht mehr böse ist.

Waschtag

Heute ist Herrchen ganz schön böse auf mich, und das kam so:
Die Sonne scheint, ich liege auf unserer Wiese und döse so vor mich hin. Da höre ich plötzlich: »Billy Backenzahn!« Herrchen in Badehose mit der Shampooflasche in der einen und dem Gartenschlauch in der anderen Hand kommt auf mich zu. Oh Schreck, der will mich duschen! Das habe ich gar nicht gerne. Dieses Abseifen und Abspritzen finde ich grässlich.
Aber mein Stummelschwanzeinklemmen nützt nichts. Er seift und spritzt und erzählt etwas von einem schönen, sauberen Hund.
Endlich lässt Herrchen mich los und ich darf von der Dusche wegrennen, mich schütteln, drehen, prusten und mich zum Trocknen im Gras wälzen. Nach einer Stunde bin ich trocken, aber ich rie-

che so komisch nach Shampoo, das gefällt mir überhaupt nicht.
Nun werde ich gebürstet und gekämmt. Und Herrchen redet weiter von einem schönen, sauberen Hund, mit dem er nun endlich wieder unter die Leute gehen kann.

Herrchen holt Halsband und Leine – wir gehen spazieren. Hinter unserem Haus sind viele Wiesen mit Kühen und Pferden, auch Schafe sind ab und zu mal da.

Über eine dieser Wiesen laufen wir und was rieche ich da? – Einen Kuhfladen! Ach, riecht der gut! Viel besser als das blöde Shampoo.

Und schwups, schon wälze und räkle ich mich genüsslich im Kuhfladen. Der Schrei, den mein Herrchen da ausstößt, lässt den schwerhörigsten Riesenschnauzer aufschrecken.

Ich bin sofort wieder auf den Beinen und schüttle mich, wie's meine Art ist. Aber schon geht's wieder los: »Billy Backenzahn, du Schwein!

Nicht genug, dass du voller Kuhmist bist, jetzt bespritzt du mich auch noch damit, du Ferkel! Wir gehen sofort nach Hause!«

Schade, dabei hatte der Spaziergang doch kaum angefangen.

Zu Hause muss mich Frauchen dann noch mal mit dem Gartenschlauch abspritzen und wieder abseifen, während Herrchen schimpft: »Elfriede, wir haben keinen Hund, sondern ein Schwein!« und in der Dusche verschwindet.

Ich glaube, wenn ich heute Abend vorsichtig ein bisschen lache, ist alles wieder gut.

Christoph

Heute habe ich einen Freund gewonnen, und das kam so:
Herrchen hat Bürste und Kamm geholt und angefangen mich zu striegeln. »Billy Backenzahn, du sollst ein schöner Hund sein, wenn wir Christoph und seine Eltern besuchen.« Als ob ich nicht auch ohne Bürsten und Kämmen der schönste Riesenschnauzer weit und breit wäre!
Nach einer Viertelstunde ist er fertig.
Frauchen holt den von ihr gebackenen Napfkuchen aus der Speisekammer, Herrchen nimmt Leine und Halsband vom Haken.
»Dass du auch brav zu Christoph bist«, ermahnt er mich, »du weißt, er hat ein bisschen Angst vor Hunden.«
Wir fahren mit dem Auto, weil die Familie Steidle in der Nachbarschaft wohnt, in Kleinsachsen-

hausen. Nach fünfzehn Kilometer Fahrt halten wir vor Familie Steidles Haus. Christoph kommt angerannt, doch als er mich sieht, bleibt er ängstlich stehen. Warum eigentlich? Nur weil ich ein schwarzer Wachhund bin, der immer gerne ein bisschen lacht? Oder weil ich fast so groß wie er bin?

»Hallo, da seid ihr ja. Kommt rein, der Kaffee ist gleich fertig«, begrüßt uns Herr Steidle und sagt zu seinem Sohn: »Christoph, spiel doch ein wenig mit Billy Fußball. Passt aber auf, dass der Ball nicht in Nachbars Garten fällt. Du weißt, der alte Herr Haueisen mag das nicht.«

Herrchen und Frauchen gehen mit Herrn Steidle ins Haus, während Christoph seinen neuen Ball mit den gelben Streifen holt.

Vorsichtig rollt er ihn zu mir. Ich schnappe ihn mit dem Maul und lege ihn Christoph vor die Füße.

Nun ist er schon etwas mutiger und stößt den

Ball kräftiger an. Ich bringe ihn wieder zurück. Christoph wirft ihn in Richtung Haus.
Ich renne hinterher und erwische den Ball im Flug. Christoph wirft den Ball doller zum Zaun an der Straße. Ich hole ihn. Unser Spiel wird immer wilder und lustiger.
»Billy, Achtung, nun kommt ein ganz weiter Wurf!« Christoph holt aus und – patsch – der schöne Ball fliegt über die Hecke und landet genau auf Herrn Haueisens Glatze.

»Verdammter Lauselümmel, wie oft habe ich dir schon gesagt, dass du beim Ballspielen vorsichtiger sein sollst!« Herr Haueisen droht wütend mit der Faust über die Hecke.
Schnell zwänge ich mich durch das Gebüsch, schnappe den Ball, bevor Herr Haueisen sich danach bücken kann, und dann nichts wie zurück in Steidles Garten.

Christoph ist sehr froh und glücklich, als ich ihm seinen schönen Ball wieder vor die Füße lege.

Und als er mich zum Dank sogar vorsichtig streichelt, muss ich schon wieder ein bisschen lachen.
Ich glaube, jetzt hat Christoph keine Angst mehr vor mir und wir können öfter miteinander Ball spielen.

Negerküsse

Heute darf ich bei Herrchen im Auto mitfahren. Frauchen hat keine Zeit und sagt: »Kalle, fahr doch mal zum Schlachter Peschke und kauf ein Pfund Hackfleisch und zum Milchmann Grimmsel und bring Butter und Quark mit!«

Wir fahren also los. Zuerst zum Schlachter Peschke. Da darf ich nie mit rein, obwohl Meister Peschke mein bester Freund ist. Er gibt Herrchen immer Kalbsknochen und Wurstreste für mich mit.

Nach langweiligen zehn Minuten auf der Rückbank im Auto kommt Herrchen mit zwei dicken Tragetüten zurück. Wie die duften … köstlich … himmlisch … verführerisch!

Mir läuft das Wasser im Maul zusammen. Eine der prall gefüllten Tüten ist für mich, das weiß ich, das riech ich!

»Pfui, Billy Backenzahn!«, schnauzt Herrchen mich an, als ich nur ein wenig daran schnuppere. »Im Auto darfst du nichts fressen, du verschmierst ja alle Polster! Also lass das gefälligst!«

Dann fahren wir los zum dünnen Milchmann Grimmsel und seiner dicken Frau Else. Hier darf ich auch nicht rein. Aber aus diesem Geschäft riecht es auch lange nicht so aufregend wie aus dem Fleischerladen.

Wieder bringt Herrchen eine gefüllte Trage-

tasche mit und … zwei Mohrenköpfe. Mein Hunger wird immer größer.
Einen Mohrenkopf stellt Herrchen vorsichtig ab, den anderen isst er schnell und heimlich auf. Frauchen hat ihm nämlich Süßigkeiten verboten, weil er schon dick genug ist.

»Nun will ich mir noch eine Sportzeitung an Oma Krämers Zeitungsbude kaufen«, meint Herrchen und fährt los.

Einmal rechts um die Ecke, dann gleich wieder links und schon sind wir da.

Er steigt aus und – da ich auch gerne Mohrenköpfe esse, obwohl Frauchen es mir verboten hat, weil es für Hunde nicht gesund ist – schnapp … … schwupp … und weg ist der zweite Mohrenkopf.

Herrchen kommt zurück, will seinen zweiten Mohrenkopf auch schnell und heimlich verdrücken, doch der ist nicht mehr da.

»Komisch«, brummt er gedankenverloren, »ich dachte, ich hätte vorhin nur einen gegessen. Da werde ich wohl schon beide vertilgt haben«, und gibt Gas.

Ich hab auch gar nicht gelacht, nur ganz unschuldig zum Fenster hinausgeschaut und von der gefüllten Tragetasche von Fleischermeister Peschke geträumt.

Am Baggersee

Heute habe ich mein Herrchen vor einer bösen Überraschung bewahrt, und das kam so:

Wir sind zum alten Baggersee gefahren. Ausflüge mit Herrchen und Frauchen sind toll. Man erlebt immer etwas Lustiges.

Herrchen packt Liegestühle und Fußball ins Auto, während Frauchen den Picknickkorb mit gebratenen Hähnchenkeulen, Tomaten, Brötchen, Wurst, Limo und Selters füllt. Wir fahren los!

»Es ist so schön warm heute, dass wir bestimmt baden können, Elfi. Hast du auch Handtücher eingepackt?«, fragt Herrchen.

»Natürlich, und Sonnenschutzcreme auch«, entgegnet Frauchen.

Bald sind wir am See. Es sind kaum Leute da und so finden wir einen gemütlichen Platz am Ufer direkt neben dem alten Badesteg.

»Ich glaube, ich geh gleich ins Wasser«, sagt Herrchen, nachdem er die Liegestühle aufgebaut und sich ausgezogen hat.
»Ich komme später nach«, ruft Frauchen. »Zuerst will ich mich ein bisschen sonnen.« Sie legt sich genüsslich in den roten Liegestuhl.

»Los, Billy Backenzahn, wir gehen schwimmen!« Herrchen hat wohl keine Lust alleine rumzuplanschen. Ich bin aber gar nicht so wild drauf, gleich ins Wasser zu gehen, obwohl ich

ganz toll schwimmen kann. Ich würde lieber zuerst ein wenig herumschnüffeln.
Herrchen spritzt sich ein bisschen nass und läuft dann über den Badesteg, um mit einem Kopfsprung im Wasser zu verschwinden. Wie das platscht und spritzt!
»He, Billy Backenzahn, bist du wasserscheu? Komm, sei kein Frosch, spring rein zu mir!«, ruft Herrchen, nachdem er wieder aufgetaucht ist.

Ich laufe über den Badesteg, um mir mein

schwimmendes Herrchen näher anzusehen. Er probiert gerade Rückenkraulen, platsch und platsch und platsch, und merkt nicht, dass er sich immer mehr einer Schwanenmutter mit ihren Jungen nähert. Ganz unruhig wird diese und fängt an zu fauchen. Aber Herrchen hört nichts mit seinem Geplatsche und rudert immer weiter auf die Schwänin zu, die schon anfängt mit den Flügeln zu schlagen, weil sie ihre Jungen schützen will.

»Herrchen, pass auf, gleich hackt sie dich mit ihrem Schnabel«, denke ich aufgeregt und belle vor Schreck und Wut. Das hört Herrchen.
»Was ist los, Billy?«, ruft er und sieht plötzlich die Gefahr.

»Ach du dicker Maikäfer«, höre ich Herrchen rufen und sehe, wie er schnell zum Badesteg zurückschwimmt.
Als er aus dem Wasser kommt und auf Frauchen zugeht, die von allem nichts bemerkt hat, höre

ich ihn fragen: »Wo hast du denn die Hartwurst hingesteckt? Ist sie noch im Picknickkorb?«
Ich weiß, dass ich jetzt eine Belohnung bekomme, weil ich so gut aufgepasst habe. Darüber freue ich mich so sehr, dass ich schon wieder lachen muss.

Patienten

Heute habe ich einen aufregenden Tag gehabt. Herrchen aber auch.

Am Morgen sind Herrchen und Frauchen sehr früh aufgestanden. Herrchen hat vom Dachboden zwei Koffer geholt, den Staub davon abgewischt und sie Frauchen mit den Worten gegeben: »Elfi, pack bitte den dicken Pullover für mich ein, man weiß nie, ob es in Dänemark nicht doch noch kalt ist.«

Wir verreisen!, denke ich ganz aufgeregt, weil ich gerne ans Meer fahre und am Strand die Möwen jage.

Doch plötzlich höre ich einen Schrei: »Elfi, wir haben ja vergessen Billy impfen zu lassen!« Herrchen nimmt Leine und Halsband und sagt: »So, Billy Backenzahn, jetzt gehen wir zum Tierarzt. Du musst geimpft werden.«

Ach du dicker Gummiknochen, denke ich, und

mir wird ein bisschen übel bei dem Gedanken an den Tierarzt und die Spritze.
Im Wartezimmer sitzen dann auch noch andere Leidensgenossen: ein Papagei mit Durchfall, eine Schildkröte mit Entzündung, ein Kaninchen mit zu langen Krallen, ein Dackel mit eingerissenem Schlappohr und ein dicker, fetter Kater mit kaputter Pfote. Normalerweise hätte ich den ganz schön angeknurrt, aber an diesem Ort bin ich doch ziemlich kleinlaut.

Dann kommen wir dran. Ich bibbere und zittere. Herrchen sagt dauernd: »Sei doch kein Feigling, du Flasche!« und: »Billy Backenzahn, benimm dich wie ein großer, starker Wachhund!«
Das Impfen tut aber gar nicht weh und bald sind wir wieder zu Hause. Ich bekomme einen Hundekuchen und Frauchen sagt zu Herrchen: »Also viel Spaß beim Zahnarzt, es wird schon nicht so schlimm werden. Du bist ja selbst schuld, wenn du immer bis zuletzt wartest und nicht regelmäßig deine Zähne kontrollieren lässt.«
Nach zwei Stunden kommt er zurück: mit dicker Backe und ohne ein Wort zu sagen, legt er sich auf das Sofa. Frauchen muss ihm einen Beutel mit Eis und einen Eimer zum Ausspucken bringen, denn der Zahnarzt hat ihm einen Backenzahn gezogen.
Er jammert den ganzen Nachmittag, bis es Frauchen zu dumm wird. »Nun reiß dich doch einmal zusammen und sei kein Feigling!«, sagt sie zu ihm. »Kalle, benimm dich doch wie ein großer, starker Mann!« – So ähnliche Worte kannte ich

doch! Die hatte Herrchen beim Tierarzt zu mir gesagt.

Als ich ihn jetzt so auf dem Sofa liegen sehe, da muss ich doch schon wieder ein bisschen lachen. Jetzt fahren wir erst morgen nach Dänemark.

Besuch zum Abendessen

Heute war ich ganz schön brav, und das kam so: Herrchen sagt mit bedeutungsvoller Miene zu mir: »Dass du mir ja brav bist, Billy Backenzahn, wenn die Semmelmanns nachher zum Abendessen kommen. Du weißt, das sind nette ältere Herrschaften, die leider ihren Pudel Rolli etwas zu sehr verhätscheln und verwöhnen.«
Kurze Zeit danach klingelt es. Ehepaar Semmelmann und der fette Pudel Rolli stehen vor der Haustür. Herrchen und Frauchen begrüßen sie freundlich.
Ich bleibe auf meinem Platz unter der Treppe liegen, da ich Rolli doof finde. Er darf immer bei seinem Frauchen auf dem Schoß sitzen und außerdem trägt er ein rosarotes Schleifchen um den Hals. So was trägt doch kein richtiger Hund.

Beim Abendessen sitzt dann Rolli tatsächlich auf einem Stuhl neben Frau Semmelmann. Die ganze Zeit bekommt er Fleischstückchen vom Kalbsbraten in sein Mäulchen geschoben, während ich unter der Treppe auf meinem Platz liege und zuschauen muss.

Ich bin ganz schön sauer, als Herrchen zu mir sagt: »Billy Backenzahn, guck nicht so grimmig. Rolli ist ein kleiner Hund und gewohnt von seinem Frauchen gefüttert zu werden.«

Nach dem Abendessen setzen sich Herrchen und Frauchen mit den Semmelmanns ins Wohnzimmer und Rolli, der fette Pudel, hockt sich dazu auf die Couch, anstatt mit mir zu spielen.
Sein Frauchen sagt: »Mein Rolli soll nicht mit anderen Hunden verkehren, das ist nichts für ihn«, und gibt ihm einen Kuss auf die Schnauze. Brrrr! Wenn ich so was schon sehe!
Meinem Herrchen gefällt das auch nicht und mein Frauchen guckt ziemlich böse, als Frau Semmelmann dem verwöhnten Rolli eine von ihren selbst gebackenen Käsestangen gibt.
Ich hätte auch gerne eine Käsestange, aber Herrchen sieht mich streng an und sagt: »Billy Backenzahn, große Hunde betteln nicht«, und schickt mich zurück auf meinen Platz.
Da reicht es mir und ich komme den ganzen Abend nicht mehr unter der Treppe hervor.
Endlich höre ich, wie Semmelmanns sich verabschieden. Und was sehe ich da? Rolli mit einem zitronengelben Mäntelchen – dazu das rosa Schleifchen! Der sieht vielleicht albern aus!

Als sie weg sind und Herrchen zu mir sagt: »Lieber ein Lachwachhund als ein Nudelpudel«, und mir doch noch augenzwinkernd eine Käsestange gibt, bin ich wieder guter Laune und wir müssen beide lachen.

Die Fahrradtour

Heute war ich ganz schön sportlich, und das kam so:

Am Morgen hat Herrchen zu mir gesagt: »Billy Backenzahn, wir fahren zur Burgruine Knurpsenstein und machen eine Wanderung. Danach vespern wir in der gemütlichen Burgschenke und fahren gegen drei Uhr nach Hause. Elfi kommt um fünf Uhr am Bahnhof an, du weißt doch, sie ist für ein paar Tage zu ihrer Schwester nach Freiburg gefahren, um ihr beim Umzug zu helfen.«
Herrchen setzt seine blauweiß karierte Schirmmütze auf und los geht's.
Wir kommen an grünen Wiesen und gelben Weizenfeldern vorbei, durch einen dunklen Tannenwald und sehen plötzlich die Burgruine.
Es sind schon einige Autos da und viele Radfahrer. »Mensch, Billy Backenzahn, hier kann man

ja Fahrräder mieten. Da leih ich mir eins und du kannst mal beweisen, wie sportlich du bist.«

Herrchen nimmt sich natürlich ein Fahrrad mit Gangschaltung, damit geht's leichter den Berg hoch.

Er fährt los und ich muss neben dem Fahrrad herrennen.

»Na, Billy, alter Junge, da pfeift ganz schön die Lunge«, ärgert mich Herrchen, als ich beim zweiten Berg hecheln muss. Der sollte mal so schnell den Berg raufrennen wie ich!

Als es wieder abwärts geht, fährt Herrchen sogar freihändig und pfeift ein Lied. Plötzlich macht es pfffffffft … Was ist das?

»So ein Mist, ich habe einen Plattfuß am Vorderrad!«, jammert Herrchen, als er den Schaden bemerkt. »Jetzt muss ich das blöde Fahrrad den ganzen Weg zurück schieben! Und das bei dieser Hitze!«

Erst den Berg rauf, dann runter, dann wieder rauf. Wie da Herrchen schnauft und stöhnt.

Jetzt pfeift aber deine Lunge!, denke ich, als ich ihn so prusten höre.
Endlich haben wir die Ruine Knurpsenstein erreicht. »Das Vorderrad hat leider einen Plattfuß bekommen«, berichtet Herrchen dem Mann vom Fahrradverleih.
»Das kann mal vorkommen, ist nicht so schlimm«, antwortet dieser. »Und Sie mussten den ganzen Weg zurück schieben, Sie Ärmster?«
Herrchen ist ein bisschen traurig, weil wir keine Zeit mehr zum Einkehren haben, denn bald kommt Frauchen am Bahnhof an und wir wollen doch rechtzeitig dort sein, um sie abzuholen. Aber dann freut er sich auf Frauchen. »Die wird staunen, wenn wir ihr erzählen, wie dynamisch wir heute waren«, sagt er und zwinkert mir zu, dass ich wieder ein bisschen lachen muss.

Die Kletterpflanze

Heute habe ich kräftig gebuddelt, und das kam so:

Herrchen kommt auf mich zu und sagt: »Billy Backenzahn, ich will mir ein paar neue Schuhe kaufen und Frauchen braucht dringend einen Regenmantel. Wir fahren in die Stadt, aber du kannst leider nicht mitkommen. Sei schön brav und bewache das Haus gut.«

Dann fahren sie los.

Zuerst bin ich ganz schön traurig, weil ich nicht mitdarf, lege mich eine Weile ins Gras und döse vor mich hin.

Doch dann wird es mir zu langweilig und ich schnuppere im Garten herum. Zuerst an den hohen Bäumen mit der Hängematte, dann am alten Schuppen unter den Apfelbäumen. Nirgends entdecke ich etwas Aufregendes.

Doch als ich um das Haus trabe, sehe ich plötzlich vor Herrchens Arbeitszimmer eine Maus. Wie frech die mich angrinst! Na warte!, denke ich und sause los.

Doch die Maus ist viel schneller und – wutsch – schon ist sie in einem Loch neben der Kletterpflanze verschwunden.

Das ärgert mich. Ich stecke meine Nase in das Mauseloch und rieche sie. Sicherlich sitzt sie jetzt in ihrem Bau und lacht sich ins Mausefäust-

chen. Bei dem Gedanken werde ich so wütend, dass ich anfange ganz doll zu graben. Der Dreck fliegt und spritzt nur so weg.
Bald ist das Loch so tief, dass mein Kopf darin verschwindet.

Wenn nur die dummen Wurzeln der Kletterpflanze nicht so im Weg wären. Am besten, ich beiße sie durch. Knacks und kracks – die Wurzeln sind auch nicht härter als Kalbsknochen. Jetzt kann ich weitergraben, immer tiefer …

Als ich einen Moment aufhöre und verschnaufe, denke ich, mich laust der Affe. Sitzt doch keine zwei Meter neben mir die freche Maus auf einem Erdklumpen und schaut mir interessiert zu, als wenn sie sagen wollte: »Wonach buddelst du eigentlich so angestrengt, kannst du einen von dir vergrabenen Knochen nicht mehr finden?«

Gerade als ich mich auf sie stürzen will, höre ich hinter mir einen Schrei: »Billy Backenzahn, bist du von allen guten Geistern verlassen? Der tolle

Knöterich, unsere schöne Kletterpflanze! Alle Wurzeln hast du durchgebissen! Und dieses große Loch! Überhaupt, wie du aussiehst!« Herrchen ist ganz schön wütend.

»Reg dich nicht auf, Kalle«, beruhigt ihn Frauchen. »Dieser Knöterich ist doch ohnehin viel zu groß geworden. Du beklagst dich immer, dass er dir so viel Licht im Atelier wegnimmt. Billy hat nichts Schlimmes getan, der Riesenbusch hätte sowieso weggemusst!«

Herrchen überlegt und nickt: »Da hast du eigentlich Recht, Elfi.« Und als er meinen dreckverschmierten braunen Kopf richtig anschaut, muss er lachen und ist nicht mehr böse.
Darüber bin ich so froh, dass ich auch lache und mich nicht mehr über die freche Maus ärgere.

Die Schiffermütze

Heute haben wir einen tollen Ausflug gemacht. Herrchen hat seine knallgelbe Mütze aufgesetzt, die er so schön findet, und gesagt: »Billy Backenzahn, wir fahren an den Brummelsee und du darfst mit.«
Ich habe mich riesig gefreut und bin gleich auf meinen Stammplatz im Auto gesprungen. Los geht's. Zuerst fahren wir durch einen großen Wald.
Als Herrchen nach zwanzig Minuten den Brummelsee-Parkplatz erreicht, sind leider schon zwei Omnibusse und siebzehn Autos da. Deshalb muss ich an der Leine gehen. Manche Kinder haben nämlich Angst vor großen schwarzen Hunden, die frei herumlaufen. Dabei bin ich doch nur ein Lachhund, der ein bisschen an den Bäumen schnüffeln möchte.

Wir kommen an der Bude mit den heißen Würstchen vorbei, die so herrlich duften, dass ich am liebsten nicht weitergehen möchte. Ein lustiger Mann mit einem roten Schnurrbart und einer blau karierten Mütze steht in der Bude und dreht die leckeren Würste auf dem Rost um, damit sie nicht anbrennen. Dabei ruft er immer: »Heiße Würstchen, prima Bratwürste! Kauft, Leute, kauft!«

Viele Kinder, aber auch einige Erwachsene stehen an und wollen sich eine Wurst kaufen. Nur mein Herrchen nicht.

Der zieht mich an der Leine weg von der Bude und sagt: »Heute kaufen wir uns kein Würstchen.«

Nach hundert Metern sind wir am Brummelsee-Ufer und gehen daran entlang bis zu einer kleinen Brücke.

Plötzlich bleibt Herrchen stehen und schaut aufmerksam ins Wasser, weil er dort Fische entdeckt hat, die unter der Brücke herumschwimmen.

Er beugt sich vor, um sie besser sehen zu können, noch weiter … und weiter … und pardauz! fällt seine knallgelbe Mütze ins Wasser.

»Meine schöne Mütze, meine schöne gelbe Schiffermütze!«, jammert er und rennt ans Ufer, um sich einen Stock zu holen, mit dem er sie herausangeln kann.

Aber so sehr er sich auch anstrengt, die Mütze treibt immer weiter auf den See hinaus.

Mit meiner schwarzen Schnauze stupse ich Herrchen an.
Da versteht er: »Mensch, Billy Backenzahn, schnell, hol mir meine schöne Mütze wieder raus!«
Da ich ein guter Schwimmer bin, habe ich die Mütze rasch erreicht und bringe sie zurück.
Mein Herrchen ist glücklich! Sofort setzt er das klatschnasse Ding auf – und das sieht so komisch aus, dass wir beide lachen müssen.
Und zur Belohnung habe ich dann doch noch ein Würstchen bekommen.

Vier Forellen

Heute wurde ich zu Unrecht verdächtigt, und das kam so:
Herrchen kommt mit zwei großen Tüten vom Einkaufen zurück und ruft schon von weitem: »Elfi, beim Fischmann auf dem Markt gab's frische Forellen, da habe ich gleich vier mitgebracht. Heute Abend kommen doch unsere Freunde, die Wecklers, und die essen gerne Fisch!«
Ich renne auf Herrchen zu und will an den Einkaufstüten schnuppern, um festzustellen, ob er mir auch etwas mitgebracht hat – einen Kalbsknochen, einen Wurstzipfel oder sonst etwas Leckeres. Doch ich rieche nur Fisch. Nee … das mag ich nicht! Das können Herrchen und Frauchen alleine essen!
»Pfui, Billy Backenzahn«, schimpft Herrchen, »die Forellen sind nichts für dich.«

Das weiß ich selbst, ich bin doch keine Katze, die ganz wild auf Fisch und solches Zeug ist.
Herrchen legt die Forellen und zwei Flaschen Weißwein, die er ebenfalls mitgebracht hat, in den Kühlschrank.
Um sechs Uhr abends holt Herrchen die Fische wieder heraus, wäscht sie gründlich, trocknet sie ab, träufelt Zitronensaft darüber und würzt sie mit Salz.

Er öffnet das Küchenfenster und stellt die Porzellanplatte mit den vier Forellen auf den Sims. »Billy Backenzahn, dass du mir ja nicht an die Fische gehst, die wollen wir mit Wecklers zum Abendbrot essen!« Dann verschwindet er im Badezimmer.

Beleidigt ziehe ich mich auf meinen Platz unter der Treppe zurück. Weiß Herrchen denn nicht, dass ich Fisch überhaupt nicht mag?

Als ich gerade am Eindösen bin, höre ich Geräusche in der Küche.

Erst klingt es wie ein Schmatzen und dann wie ein Schnurren. Wie ein geölter Blitz sause ich los und was sehe ich auf der Küchen-Fensterbank? Fridor Fauch, die freche Katze der alten Frau Mammel mit einer Forelle im Maul! Den Kopf hat sie schon gefressen.

Wütend belle ich sie an. Vor Schreck lässt sie den Fisch fallen, springt vom Fenstersims raus in den Garten und rettet sich auf den nächsten Baum. Auf mein wütendes Gebell hin erscheint Herr-

chen. »Was machst du denn für einen Lärm, Billy? Lass doch die Katze in Ruhe, sie hat dir doch nichts getan!«
Da entdeckt er den Fisch ohne Kopf und schreit: »Mensch, Elfi, jetzt hat der verflixte Hund doch eine der Forellen angefressen, obwohl ich es ihm streng verboten hatte!«

Aber Frauchen belehrt ihn: »Kalle, Hunde mögen doch keinen Fisch. Das kann nur eine Katze gewesen sein. – Dann musst du eben das

Kotelett essen, das wir noch im Kühlschrank haben, und Billy kriegt den Knochen zur Belohnung. Wenn er nicht so wachsam gewesen wäre, hätte die Katze wahrscheinlich die anderen drei Forellen auch noch angeknabbert.«
Bei dem Gedanken, dass ein leckerer Knochen nach dem Abendessen für mich abfällt, muss ich schon wieder ein bisschen lachen.

Die Verwechslung

Heute habe ich etwas Komisches erlebt, und das kam so:
Frauchen kommt mit einem großen Paket nach Hause: »Kalle, du willst doch immer abnehmen. Schau mal, was ich dir mitgebracht habe.«
Herrchen öffnet misstrauisch das Paket. Ein knallgelber Trainingsanzug mit roten Streifen kommt zum Vorschein.
Als mein Herrchen den Anzug anprobiert, sieht er aus wie ein großer, fetter Kanarienvogel. »So, nun noch die Turnschuhe und hopp, hopp in den Wald mit euch beiden«, drängt Frauchen.
Ich freue mich riesig, aber Herrchen macht ein missmutiges Gesicht und brummelt: »Ich habe aber gar keine Zeit und außerdem tut mir mein großer Zeh weh.«
»Papperlapapp, beim Laufen wird das wieder

gut«, erwidert Frauchen und schiebt uns durch die Haustür ins Freie.
Wir fahren los. Bald sind wir am Stadtrand. Nach dem hellblauen Haus mit dem grünen Zaun beginnt der Feldweg zum Wald.
Herrchen öffnet die Autotür und muffelt: »Joggen kannst du allein, Billy Backenzahn. Ich fahr ein paar Mal hin und her und du rennst voraus!«
So was Faules – dabei soll er doch abnehmen, nicht ich!
Ich sause los und Herrchen zuckelt im Auto hinterher, einmal zum Waldrand und wieder zurück.
Beim zweiten Mal folgt uns plötzlich ein blauer Lieferwagen.
Ein Mann mit Glatze schaut raus, er hupt und ruft etwas, was Herrchen nicht verstehen kann. Deshalb hält er an, der Lieferwagen auch.
Der Mann mit Glatze springt aus seinem Wagen, rennt auf mich zu und ruft: »Da bist du ja, du Lump! Hab ich dir nicht schon zehnmal gesagt, dass du nicht ausreißen sollst? Sofort kommst du wieder mit nach Hause!«

Er packt mich am Halsband und will mich in seinen Lieferwagen zerren.
Mein Herrchen ist so überrascht, dass er ziemlich dumm aus seinem Autofenster guckt und erst mal kein Wort herausbringt.

Aber dann springt er ganz flink aus dem Auto und auf den Mann mit der Glatze zu: »Mann, was wollen Sie mit meinem Hund? Was fällt Ihnen ein uns hier zu belästigen?«
Der Mann schaut verdutzt erst mal Herrchen und

dann mich an. »Oh, das ist ja gar nicht Basko«, sagt er plötzlich erstaunt und lässt mein Halsband los.
Dann erzählt er, dass er in dem hellblauen Haus mit dem grünen Zaun wohnt und einen Riesenschnauzer für vier Wochen in Pflege hat, weil dessen Herrchen auf Reisen gehen musste und seinen Hund nicht mitnehmen konnte. »Basko sieht genauso aus wie Ihr Billy«, erklärt er Herrchen. »Er ist schon zweimal weggelaufen und jedes Mal habe ich ihn lange suchen müssen.«
Ich schaue zu dem hellblauen Haus zurück und sehe Basko wedelnd hinter dem grünen Zaun stehen. Vielleicht darf Basko morgen mit mir laufen, das wäre toll!
Und aus Vorfreude muss ich gleich ein bisschen lachen.

Bunter Hund

Heute ist zwar kein Fasching, aber ich sehe trotzdem ganz bunt aus, und das kam so:
Mein Herrchen ist heute Morgen zu dem Schuppen unter den Apfelbäumen gegangen, hat ihn aufgeschlossen und ist darin verschwunden. Ich durfte nicht mit hinein, da ich angeblich immer Unordnung mache. Dabei schnüffle ich doch nur, ob sich wieder eine Maus versteckt hat.
Nach einer Weile öffnet sich die Tür und mein Herrchen kommt stöhnend und schwitzend heraus.
Er schleppt einen alten Tisch auf die Wiese, dann holt er eine Holzkiste, gefüllt mit vielen Farben und zum Schluss ein kleines Schränkchen, das alt und abgestoßen aussieht, weil seine Farbe fast ganz abgegangen ist.
»Billy Backenzahn«, erklärt Herrchen, »heute

streiche ich das Wandschränkchen neu, darüber wird sich Frauchen freuen.«
Zuerst schrubbt und schmirgelt er das Schränkchen ab, dann streicht er es mit roter Farbe an, nur die Türen werden gelb angemalt, und zum Schluss nimmt Herrchen einen kleinen Pinsel und die weiße Farbe. »Billy, du darfst mich jetzt nicht anstupsen, denn ich male noch einige Blümchen auf die Schranktüren, du weißt, Gänseblümchen mag Frauchen am liebsten.«

Als er fertig ist, erkennt man das Schränkchen fast nicht wieder, es leuchtet richtig mit den Heckenrosen um die Wette. Nun holt Herrchen Terpentin, um die Pinsel auszuwaschen.
Doch was sehe ich da? Kommt doch so ein frecher Spatz angeflogen und setzt sich auf das frisch gestrichene Schränkchen. Dabei fängt er auch noch laut und unverschämt an zu tschilpen! Das schöne Schränkchen! Wie eine Rakete sause ich los, um den frechen Spatz zu verjagen.

Oh weia – die Holzkiste steht im Weg! Rumps – fallen die Farbdosen um und auf mich drauf: die rote auf den Kopf, die blaue auf den Rücken, die gelbe auf den Boden und ich stehe mit den Pfoten in der Farbe.
Herrchen und Frauchen kommen angerannt, weil sie sehen wollen, was das für ein Lärm war. Als sie mich sehen, lachen sie und lachen: »Unser Billy sieht aus wie ein Clown!«
Ich finde es gar nicht lustig, wenn man über mich lacht, denn eigentlich bin doch ich der Lachhund, oder?

Fastentag

Heute war ein Tag mit tollen Überraschungen. Jeden Montag bekomme ich nichts zu fressen – ich muss fasten. »Billy Backenzahn«, sagt Herrchen mit erhobenem Zeigefinger, »du darfst nicht so viel futtern, du wirst sonst zu dick. Ein Fastentag in der Woche bekommt dir gut.« Dabei hätte Herrchen das Abnehmen viel nötiger, mit dem dicken Bauch!

Der bekommt immer einen ganz roten Kopf, wenn er sich bücken muss, um die Schnürsenkel an seinen Schuhen zuzubinden.

Der Montag gefällt mir gar nicht. Ich bekomme immer nur frisches Wasser an meinen Platz unter der Treppe gestellt, nicht einmal einen Hundekuchen, während Herrchen und Frauchen frühstücken mit Ei, Schinken und Käse.

Montagabend wird mein Napf auch nie gefüllt,

sodass ich immer ganz traurig auf das Leberwurstbrot schaue, das Herrchen gerade isst.
Doch heute war es anders! Am Morgen sagt Frauchen: »Kalle, wir machen einen Obsttag. Nicht nur Billy Backenzahn soll fasten, sondern uns tut das auch mal gut!«
Herrchen mault: »Was, den ganzen Tag nur Äpfel, Birnen und Bananen?«

Morgens serviert Frauchen einen Apfel, mittags zwei Birnen und eine Banane und abends eine

Weintraube. Herrchens Gesicht wird immer muffeliger.

Schon um neun Uhr abends geht er zu Bett, weil er dann, wie er sagt, nicht mehr ans Essen denken muss. Obwohl heute ein spannender Wildwestfilm im Fernsehen kommt.

Mitten in der Nacht höre ich Schritte … ganz vorsichtig und leise die Treppe herunter … – mein Herrchen! Sachte macht er die Küchentür auf, geht in die Küche und was sehe ich?

Er holt aus dem Kühlschrank eine gebratene Hähnchenkeule und eine Flasche Bier! Da muss ich so lachen, dass meine Zähne laut aufeinander schlagen.
Herrchen erschrickt und gibt mir schnell einen Wurstzipfel, damit ich ruhig bin und Frauchen nicht aufwacht.
Danach schmiert er noch zwei Mettwurstbrote, eines für sich und eines für mich. Hmmm, wie das schmeckt! Heute war ein toller Fastentag – und ich wünsche mir, dass Herrchen jetzt öfter fasten muss. Bei dem Gedanken daran muss ich schon wieder lachen.

Im Wassergraben

Heute haben wir die Familie Erdmann besucht. Die Erdmanns sind gute Freunde von Herrchen und Frauchen und haben einen kleinen Hund, der »Trüffel« heißt. Trüffel hat ein rotes Halstuch um und ist unheimlich munter und hippelig.
Keine Minute kann er ruhig bleiben, immerzu rennt er da oder dort hin und will dauernd spazieren gehen. Und wenn es dann endlich so weit ist, dass wir unsere Halsbänder umbekommen, kriegt Trüffel fast einen Herzschlag vor Aufregung.
»Heute gehen wir in die Marsch«, sagt Nobbi Erdmann. »Ich kenne da einen schönen Gasthof, da können wir einkehren.«
Die Marsch ist flaches Weideland mit vielen Wassergräben. Wir ziehen also los! Zuerst kommen wir an der Dorfkirche mit dem Friedhof und

danach an dem Bauernhof mit den vielen Schafen vorbei. Die gucken immer neugierig und ein bisschen ängstlich nach uns. Dabei wollen Trüffel und ich doch nur spazieren gehen und nicht Schafe jagen.

Wir müssen über eine kleine Brücke und sind dann auf dem freien Feld.

Nun befreit Herrchen mich endlich von der Leine und ich sause davon. Das macht Spaß, den Feldweg langzurennen, über die Wiese mit dem dicken Baum, zur Hecke am kleinen See und hinüber zum Haselnussstrauch. Doch wohin ich auch renne, immer kläfft und jifft Trüffel hinter mir her. Er hat kürzere Beine und ist wütend, weil er nicht so schnell mitkommt, wenn ich losjage.

Immer, wenn ich stehen bleibe, um an einem Baum, einer Hecke oder einem Strauch zu schnüffeln, kommt er wütend angerannt und will mich in die Beine beißen.

Das lasse ich mir natürlich nicht gefallen und belle Trüffel ganz doll an.

»Billy Backenzahn, schäm dich! Das ist doch so ein kleiner Hund!«, ruft Herrchen.

Doch nach fünf Minuten fängt Trüffel schon wieder an zu bellen und zu keifen. Da wird es mir zu bunt und mit einem weiten Satz springe ich über einen Wassergraben.

Und Trüffel? Der will natürlich hinterher. Doch sein Sprung ist zu kurz und platsch! fällt er mitten hinein ins Wasser.

»Ach du dicker Regenwurm!«, ruft Nobbi Erdmann, packt Trüffel am Nacken und zieht ihn aus dem Wassergraben.

Wie der aussieht! Ganz nass und verstört, gar nicht mehr so frech und hippelig!
Da muss ich aber trotzdem ein bisschen lachen.

Das Geburtstags-geschenk

Heute hat sich Herrchen ganz schön erschrocken, und das kam so:
Am Morgen sagt er zu mir: »Billy Backenzahn, Frauchen hat morgen Geburtstag und sie wünscht sich schon so lange eine große Salatschüssel vom Töpfermeister Bäuerlein. Kommst du mit?«
Was für eine Frage! Natürlich gehe ich mit.
Herrchen sagt zu Frauchen: »Ich gehe mit Billy ein wenig spazieren.« Eigentlich ist das ja geschwindelt, aber beim Geburtstagsgeschenk-Einkaufengehen darf man das vielleicht.
Wir fahren also los und sind bald an der Töpferei angelangt. In diesen Laden darf ich mit rein, weil Herrchen mit Meister Bäuerlein befreundet ist und ich dessen kleinen schwarzen Scotchterrier Mortimer sehr mag.

Im Töpferladen gibt es viele Regale mit Blumenvasen, Töpfen, Tellern, Tassen, Kaffee- und Teekannen, Bechern, Schalen und natürlich auch Schüsseln.

Da kommt auch schon Mortimer mit Herrn Bäuerlein aus der angrenzenden Werkstatt.

Während Herrchen mit Töpfermeister Bäuerlein über Salatschüsseln spricht, begrüßen wir Hunde uns stürmisch. Mortimer ist ein netter Kerl. Schade, dass wir uns so selten sehen.

»Billy Backenzahn, sei vorsichtig«, mahnt Herrchen. »Schmeiß nichts aus dem Regal mit deiner dauernden Schwanzwedelei!«

Dabei ist mein Stummelschwanz so kurz, dass gar nichts passieren kann. Herrchen sollte lieber auf sich selbst aufpassen – bei seinem dicken Bauch und dem engen Gang zwischen den Regalen!

Suchend und prüfend geht er durch den Laden und schaut sich große gelbe und kleine blaue Schüsseln an. Manche haben lustige Ornamente mit Blumen oder Kringeln, andere wiederum sind nur einfarbig. Herrchen weiß nicht, für welche er sich entscheiden soll. Doch plötzlich ruft er: »Oh, die gelbbraune Salatschüssel da unten ist aber besonders schön, die nehme ich, Herr Bäuerlein.«

Herrchen bückt sich, um die Schüssel hochzunehmen, dabei stößt er mit dem Po an eine Blumenvase im Regal hinter ihm. Die Vase wackelt, kippt aus dem Regal und zerbricht am Boden in viele Scherben.

Erschrocken dreht Herrchen sich um. Als er die Bescherung sieht, guckt er ganz bedeppert.
Meister Bäuerlein beruhigt ihn: »Das ist nicht so schlimm, Sie sind doch bestimmt versichert.«
»Natürlich«, murmelt Herrchen immer noch verstört. Als er mich so anschaut und seine Schultern hochzieht, als wollte er sagen »tut mir Leid, das habe ich nicht gewollt«, da muss ich schon wieder ein bisschen lachen.
Ich bin sicher, dass Frauchen sich über die schöne Salatschüssel zu ihrem Geburtstag sehr freuen wird.

Nächtliche Störung

Heute war ich ganz schön mutig, und das kam so: »Kalle, willst du nicht noch eine halbe Stunde mit Billy spazieren gehen, während ich das Geschirr spüle?«, fragt Frauchen nach dem Abendbrot.

Herrchen schiebt sich noch schnell eine Scheibe Salami in den Mund, bevor der Tisch abgeräumt wird, und brummelt: »Heute Abend habe ich keine Lust, gleich kommt ein Krimi im Fernsehen und ich möchte den Anfang nicht versäumen.«

Er nimmt sein Glas und die angebrochene Flasche Bier und macht es sich vor dem Fernseher gemütlich.

»Außerdem kann Billy zugucken, vielleicht lernt er dabei, wie man Einbrecher fängt, dieser Lachhund!«

Ich bin ganz schön sauer über diese Bemerkung und lege mich deshalb auf meinen Platz unter der Treppe.
Nach zehn Minuten hat Frauchen die Küche aufgeräumt und setzt sich zu Herrchen vor den Fernsehapparat. Der blöde Krimi läuft schon eine ganze Weile, da plötzlich – peng! Was war das? Draußen auf der Terrasse poltert etwas.

Herrchen steht auf, geht vorsichtig zur Terrassentür und schaut hinaus.

Da rumpelt es wieder.
»Huch, was ist denn das?«, flüstert Herrchen erschrocken. »Billy Backenzahn, komm her, du bist hier der Wachhund! Geh raus und sieh mal nach, was da los ist!«
Jetzt bin ich auf einmal der Wachhund, nicht mehr der Lachhund!
Herrchen macht die Terrassentür so weit auf, dass ich gerade durchschlüpfen kann. Ist das dunkel!

Ich renne um die Ecke an die Regentonne. Nichts.
Dann zur Gießkanne und dem Gartenschlauch. Nichts.
Auch bei Herrchens Gummistiefeln ist nichts zu finden.

Aber was entdecke ich auf dem Stapel Kaminholz? Charly Klops, den fetten Kater unseres Nachbarn Krumeich. Charly versucht offensichtlich eine Maus zu fangen, die sich im Holz ver-

steckt hat. Er schiebt mit den Pfoten die Scheite beiseite, um besser ranzukommen. Neugierig sehe ich zu.
Schon wieder poltert ein Holzstück herunter!
»Billy, was gibt's? Ist ein Einbrecher draußen?«, ruft Herrchen durch die Tür.
Ich lasse Charly in Ruhe, denn der hat bestimmt auch immer Hunger wie ich, und trotte zur Terrassentür zurück. Nun späht Herrchen vorsichtig durch den Türspalt und entdeckt Charly Klops.

Erleichtert ruft er Frauchen zu: »Es ist nichts Schlimmes, Elfi, nur eine Katze«, und schließt die Tür.
Als ich wieder auf meinem Platz unter der Treppe liege, denke ich: »Der sollte nicht so viele Krimis mit Einbrechern im Fernsehen angucken.« Und dabei muss ich schon wieder ein bisschen lachen.

Es hat geschneit

Heute habe ich mir ganz schön wehgetan, und das kam so:
Früh am Morgen kommt Frauchen die Treppe herunter und ruft:
»Kalle, es hat geschneit! Schnell, zieh dich an und räum bitte vor der Haustür und dem Gartentor den Schnee weg, solange ich das Frühstück mache.«
Herrchen bindet seinen dicken Schal um und setzt seine Wollmütze auf. »Billy Backenzahn«, fragt er mich, »willst du mir nicht ein bisschen beim Schneeschippen Gesellschaft leisten? Aber bevor wir den Schneeschieber aus dem Schuppen holen, sollten wir Futter in das Vogelhäuschen streuen, damit die Piepmätze nicht hungern müssen.«
Ist das toll, als wir über die Wiese zum Vogelhaus unter dem alten Apfelbaum laufen.

Ich muss mich erst einmal im Schnee wälzen, er ist so schön weich und riecht so frisch!

Herrchen streut Nüsse und Sonnenblumenkerne ins Vogelhäuschen, danach geht er zum alten Schuppen, um den Schneeschieber zu holen.
Im Schuppen gibt es tolle alte Sachen: eine Stehlampe, einen Stuhl mit drei Beinen, einen alten Tisch, den Gartenschlauch, mit dem mich Herrchen im Sommer immer abspritzt, und noch vieles mehr.

Herrchen trägt den Schneeschieber aus dem Schuppen und ruft mir zu: »Billy Backenzahn, wenn du drinbleiben willst, mach keinen Unsinn und wühl nicht überall herum. Ich fange schon mal an zu schippen.«

Jetzt kann ich in Ruhe alles auskundschaften und herumschnüffeln.
In einer Ecke ist Holz gestapelt für den Kamin und daneben liegt ein Rest Stroh. Wie das riecht! Da muss irgendwas versteckt sein. Ich

kratze an den Holzscheiten, um näher ranzukommen. Was ist das bloß, was da so duftet? Ich ziehe mit den Zähnen ein Stück Holz aus dem Stoß, da rumpelt es und der ganze Stapel fällt zusammen. Wau, da wird Herrchen aber schimpfen! Trotzdem habe ich immer noch nicht gefunden, was ich suche. Vielleicht im Stroh! Der Geruch wird immer doller und da … autsch! Meine Nase! Wie das wehtut! Sie ist ganz zerstochen und blutet.

Da sehe ich den Übeltäter – einen Igel, der hier seinen Winterschlaf hält.
Herrchen kommt vom Schneeschippen zurück und ist wütend, als er den umgefallenen Holzsta-

pel sieht. Aber dann bemerkt er meine blutverschmierte Nase und sein Ärger verfliegt.
»Das hast du nun von deinem naseweisen Herumschnüffeln, Billy Backenzahn! Lass doch den Igel hier seinen Winterschlaf halten. In dem Stroh ist es warm und trocken, da hat er sich

schon ein gutes Plätzchen ausgesucht.« Und er lacht mich an.

Weil mein Herrchen nicht böse ist und meine Nase schon nicht mehr wehtut, muss ich auch ein bisschen lachen.

Neue Geschichten von Billy Backenzahn

Für Ulrike, Benni und Hansjörg

Inhalt

Die zerrissene Hose

Heute wurde Herrchen von Frauchen geschimpft, und das kam so:
Nach dem Mittagessen sagt Frauchen: »Kalle, die Sonne scheint so schön, da könnten wir gründlich das Haus sauber machen. Während ich staubsauge, könntest du die Teppiche klopfen, die haben es dringend nötig.«
Herrchen zieht ein Gesicht, ich glaube, er will sich drücken. »Ach Elfi, mir tut mein Arm noch vom gestrigen Tennismatch weh, ich gehe lieber mit Billy spazieren, der hat das auch nötig«, entgegnet er und legt mir das Halsband um.
Ich hüpfe vor Freude in die Luft, lache ein bisschen und sause los.
»Jetzt übertreib nicht, Billy, du tust gerade so, als ob wir seit zwei Wochen nicht mehr spazieren gegangen wären«, meint Herrchen und ermahnt mich: »Dass du mir aber ja nicht über die frisch

gepflügten Felder jagst und dich schmutzig machst. Ich habe keine Lust dich nachher wieder abzuspritzen.«

Es macht großen Spaß, den Feldweg entlangzurennen und an den kleinen Bäumchen zu schnüffeln. Raschelt da nicht was? Riecht es hier nicht nach Hase? Also nichts wie rein ins Unterholz, die Ermahnungen habe ich längst vergessen. Da sehe ich auch schon einen großen Mümmelmann in einer Grasmulde sitzen.

Als er mich entdeckt, dreht er sich blitzschnell um und flitzt davon. Ich natürlich hinterher, mitten über den gepflügten Acker.

Doch der Hase ist schneller als ich und Herrchen brüllt wie am Spieß: »Billy, hierher! Komm sofort zurück! Willst du wohl hören?«

Da ich ein gut erzogener Riesenschnauzer bin, gehorche ich natürlich dem Rufen meines Herrchens, wenn es mir auch schwer fällt.

»Wie du wieder aussiehst, du Ferkel«, schimpft er und ist ganz schön wütend. Trotzdem gehen wir noch ziemlich lange spazieren. Ich muss allerdings an der Leine laufen, was ich gar nicht gerne mag. Auf dem Rückweg kommen wir an einer Wiese vorbei, die mit Stacheldraht eingezäunt ist. »Ich glaube, wir nehmen die Abkürzung über die Wiese«, sagt Herrchen, während er sich anschickt über den Zaun zu klettern.

Ich springe mit einem großen Satz darüber, doch mein dickes Herrchen bleibt mit seiner braunen Cordhose hängen und – ratsch – ist ein großes Loch drin, genau am Po.
Da wird sich Frauchen aber nicht freuen, wenn wir zurückkommen, denke ich. Herrchens Hose ist zerrissen und ich bin voller Ackererde.
Als wir zu Hause sind und Frauchen die Bescherung sieht, schimpft sie auch ganz schön mit Herrchen: »Jetzt habe ich gerade das Haus sauber gemacht und da kommt ihr mit total verdreckten Füßen und du hast auch noch ein großes Loch in der Hose. Billy ist in zehn Minuten wieder sauber, aber für deine Hose brauche ich mindestens eine Stunde! Als Wiedergutmachung könntest du doch die Teppiche klopfen und außer deinen auch meine Schuhe putzen, sie sind alle staubig.«
Damit lässt sie Herrchen stehen und holt den Schlauch, um mich abzuspritzen und einzuseifen. Herrchen zieht kleinlaut seine Hose aus und als er so dasteht in seiner geblümten Unterhose, muss ich doch ein bisschen lachen.

Paulchen

Heute habe ich einiges dazugelernt, und das kam so:

»Billy, wir werden meine Schwester Heidi besuchen«, sagt am Morgen Herrchen zu mir. »Sie hat auch einen Hund, der heißt Paulchen, mit dem kannst du spielen und rumtollen, während wir uns unterhalten.«

Au fein, denke ich, während ich auf dem Rücksitz des Autos Platz nehme.

Nach zwei Stunden Fahrt sind wir am Ziel angelangt. Herrchens Schwester wohnt in einem hübschen Fachwerkhaus am Waldrand und erwartet uns schon auf der Terrasse. Doch wo ist Paulchen?

»Hallo, Heidi, wie geht's?«, ruft Herrchen hinauf. »Warum begrüßt Paulchen uns nicht?«

»Na, kommt erst mal in die gute Stube, dann findet ihr ihn«, antwortet sie.

Im Wohnzimmer steht ein riesiger Hundekorb mit

Rüschen und darin liegt Paulchen, ein mächtiger Bernhardiner. Er hat die Augen geschlossen. Langsam macht er eines davon halb auf und nach kurzer Betrachtung von Herrchen und mir wieder zu.

»Paulchen ist der faulste Hund, den ich kenne. Er steht eigentlich nur zum Fressen auf und länger als fünf Minuten mag er auch nicht spazieren gehen. Dann legt er sich gleich wieder in seinen Korb und döst weiter«, erklärt uns Heidi. »Heute werde ich ihm aber Beine machen, er soll Billy die Gegend zeigen!« Dabei zieht sie Paulchen am Halsband hoch und schleppt ihn vor die Haustür. Ich trabe hinterher. »Komm, Paulchen, zeig mir doch dein Revier«, bettle ich.

Wortlos trottet er mit mir den Weg am Waldrand entlang. Er mag nicht einmal schnüffeln, immerzu jammert er mir nur vor, wie anstrengend das Spazierengehen sei und dass er unendlichen Hunger habe.

Nach kurzer Zeit erreichen wir einen Rastplatz mit übervollen Abfallkörben. Überrascht stelle ich fest, dass sich Paulchens muffelige Miene plötzlich aufhellt. Er hat zwei weggeworfene Sa-

lamibrötchen entdeckt, die er im Nu verschlingt. »Nun müssen wir aber wieder nach Hause, damit ich in meinen Korb komme«, meint er anschließend. Da wird es mir zu dumm.

»Sag mal, Paulchen«, brumme ich ihn an, »für was bist du eigentlich nütze? Du bist kein Wachhund wie ich, du bist kein Hütehund für die Schafe, kein Jagdhund und kein Schoßhund. Was bist du eigentlich für eine Hundeart?«

Da streckt Paulchen plötzlich die Brust raus und sagt: »Ich bin ein Rettungshund, der verschüttete Menschen aus Schneelawinen ausgräbt und rettet.« Und er erzählt mir von seinen Artgenossen aus den Bergen, die mit einem Schnapsfässchen um den Hals verunglückte Menschen aus den Schneemassen befreien und ihnen etwas zu trinken geben, damit sie nicht erfrieren, und dass solche Hunde in den Bergen sehr, sehr wichtig seien.

Wenn ich mir Paulchen als Rettungshund vorstelle, sehe ich ihn mit einem riesigen Proviantbeutel voller Kalbsknochen, Hundekuchen und Dauerwürsten um den Hals als Wegzehrung für sich und hinter sich her zieht er einen riesigen Hundekorb mit Rüschen, damit er ab und zu ein Schläfchen machen kann.

Bei der Vorstellung muss ich schon wieder lachen. Ich bin froh, dass Paulchen nicht in den Bergen wohnt.

Der Hundezwinger

Heute habe ich einen schönen Schrecken gekriegt, und das kam so: Herrchen sagt zu mir: »Billy, du machst mir in letzter Zeit zu viel Quatsch im Garten. Wo man hinschaut Löcher und Erdhügel, zertrampelte Blumen und herausgerissene Pflanzen. Dieses ewige Knochenverbuddeln und Mäusejagen macht aus unserem Rasen eine Mondlandschaft. Deshalb werde ich für dich einen Hundezwinger hinter dem Haus bauen. Du kommst jeden Tag für vier bis fünf Stunden hinein, da bist du an der frischen Luft und kannst nichts anstellen. Sollte es regnen oder schneien, so hast du eine Hundehütte, in die du kriechen kannst und geschützt bist.«
Ich denke, mich trifft der Schlag! Ich soll eingesperrt werden und darf nicht mehr den ganzen Tag in unserem Garten spielen?

Sehr traurig schleiche ich auf meinen Platz unter der Treppe, während Herrchen losfährt, um Pfosten, Zement und Farbe zu holen. Nach einer Stunde kommt er voll bepackt zurück.
Er gräbt Löcher, füllt sie mit Zement und setzt Metallpfosten ein.

»Es dauert nun eine Weile, bis der Zement trocken ist«, erklärt er mir schließlich und betrachtet sein Werk. »Komm, Billy, wir fahren inzwischen in den Heimwerkermarkt. Ich muss noch Maschendraht kaufen.«

Schlecht gelaunt springe ich auf meinen Platz im Auto. Ich verstehe die Welt und vor allem mein Herrchen nicht mehr. Das kann doch nicht sein Ernst sein, dass er mich einsperren will!

Als wir bei der Firma Hämmerle Heimwerker- und Gartenbedarf angelangt sind, verabschiedet sich Herrchen mit den Worten: »Ich bin gleich wieder da, mach nicht so ein miesepetriges Gesicht, alter Junge.«

Ich warte also, doch nach 20 Minuten ist Herrchen immer noch nicht zurück. Es dauert und dauert und dauert.

Endlich kommt er und schleppt eine Rolle Maschendraht auf der Schulter. Doch was macht er für ein Gesicht? Gar nicht mehr so gut gelaunt wie vorher, sondern bedrückt sieht er aus und ziemlich blass um die Nasenspitze.

Wortlos packt er den Draht ein und fährt los.

Nach einer Weile murmelt er: »Ein Zwinger ist eigentlich Unsinn.«

Nanu, was höre ich da? Interessiert stelle ich meine Ohren auf.
Herrchen fährt fort: »Weißt du, Billy, der Maschendraht ist so schwer und deshalb bin ich mit dem Fahrstuhl gefahren. Zwischen dem zweiten und dem ersten Stock ist der dann stecken geblieben. Das fand ich nicht sehr lustig, als ich da eingesperrt war. Ich glaube, ich baue keinen Hundezwinger, sondern lieber ein Hühnergehege. Dann haben Frauchen und ich jeden Tag frische Eier zum Frühstück.«
Als ich das höre, bin ich sehr glücklich und lache vor lauter Freude. Dafür werde ich ab jetzt nicht mehr so wild im Garten graben.

Francine

Heute ging es mir besonders gut, und das kam so: Frauchen hat für einen Monat ein Mädchen aus Frankreich, das ihr im Haushalt hilft. Das Mädchen heißt Francine und ist sehr nett, vor allem zu mir.

Heute Morgen ruft mich Herrchen und sagt mit erhobenem Zeigefinger: »Billy Backenzahn, Frauchen und ich müssen für einen Tag nach Frankfurt fahren und du kannst nicht mit, weil wir mit dem Zug reisen.«

Das gefällt mir aber gar nicht! Flehend schaue ich Herrchen an und gebe Pfötchen.

»Billy, es geht wirklich nicht! Du musst außerdem auf das Haus und auf Francine aufpassen!«

Er nimmt seinen Aktenkoffer, Frauchen ihre Umhängetasche und kurz darauf sind sie auch schon fort.

Betrübt schleiche ich auf meinen Platz unter der Treppe.
Doch kurze Zeit später kommt Francine und tröstet mich: »Sei nicht traurig, Billy, sie kommen doch heute Abend wieder. Wir zwei machen uns einen schönen Tag. Komm, wir spielen mit dem Ball im Garten.«
Gar nicht schlecht, denke ich, und trotte ihr nach. Das Spiel gefällt mir sehr gut und anschließend wandern wir auf einem langen Spaziergang über die Wiesen.
Hinterher bürstet sie mich und krault mich am Ohr, wie ich es besonders gerne mag. Ich bekomme zwei Hundekuchen und mache mein Mittagsschläfchen unter der Treppe.
Am Nachmittag holt Francine nochmals Halsband und Leine und wir gehen zum Fluss, wo ich immer so gerne die Enten erschrecke. Das macht richtig Laune, dieses Schnattervolk ins Wasser zu jagen! Der Nachmittag vergeht wie im Flug.
Zu Hause füllt Francine meinen Futternapf mit Hundeflocken und gießt Milch darüber. Ein hart

gekochtes Ei bekomme ich als Zugabe obendrauf. Wie das schmeckt! Lecker! Himmlisch!

Als mein Napf leer ist, gehen wir in den Garten, um auf Herrchen und Frauchen zu warten. Kurze Zeit später biegen sie auch schon um die Ecke. Ich renne zum Zaun und begrüße sie stürmisch. Darüber ist Herrchen so erfreut, dass er schnell ins Haus läuft – und was sehe ich? … Er füllt meinen Futternapf bis zum Rand, da er weiß, wie

sehr ich mich jeden Abend auf mein Fressen freue.
»Und zur Belohnung, weil du so brav warst, wie Francine mir bestätigt hat, lege ich noch einen Hundekuchen dazu«, lobt mich Herrchen.
Oh Mann, wenn der wüsste, dass Francine mich schon gefüttert hat! Aber die sagt nichts, legt nur ihren Finger auf den Mund und zwinkert mir zu.

Vor Freude über diese Extraration muss ich schon wieder ein bisschen lachen.
Hoffentlich fahren Herrchen und Frauchen nächste Woche wieder nach Frankfurt!

Versprochen ist versprochen

Heute habe ich eine tolle Nacht erlebt, und das kam so:
Herrchen sagt zu Frauchen und mir: »Was haltet ihr davon, wenn wir einen Ausflug machen und unser Zelt mitnehmen? Das Zelt ist groß genug, dass Billy mit uns darin übernachten kann. Wir nehmen den Gaskocher, die Klappstühle, die Luftmatratzen und die Schlafsäcke mit und leben wie die Indianer.«

Als ob die Indianer Luftmatratzen und Gaskocher gehabt hätten! Herrchen lädt alle Sachen ins Auto, während Frauchen für unser leibliches Wohl sorgt und Speisen und Getränke einpackt. Ich laufe ungeduldig von einem zum anderen, und endlich geht's los.

Juhuu, ich freue mich sehr, weil ich bei Herrchen und Frauchen im Zelt schlafen darf! Wir fahren am Brummelsee und der Ruine Knurpsenstein vorbei und sind nach weiteren 25 Kilometern im Mömpeltal.

Hier gibt es wunderschöne, saftige Wiesen mit Kühen und Pferden. Auch ein kleiner Bach fließt durch das Tal.

»Kalle, ist das nicht idyllisch?«, fragt Frauchen und schaut sich entzückt um. »Hier bleiben wir und schlagen unser Zelt am Bach auf.«

Herrchen fängt an die Zeltstangen zusammenzustecken und schlüpft damit unter die Zeltplane. Das sieht sehr lustig aus – als ob mein Herrchen in einem großen blauen Sack herumkrabbelte.

Man hört ihn stöhnen und schimpfen, es scheint nicht so leicht zu sein, wie es aussieht. Schließlich hilft ihm Frauchen und die Stangen stehen aufrecht. Er kriecht heraus, spannt die Schnüre und schlägt lange Nägel, die man Heringe nennt, in den Boden. Wie der schwitzen muss!

Endlich ist Herrchen fertig! Mit rotem Kopf sitzt er auf dem Boden und unser Zelt steht ziemlich windschief da. Nun pumpt er noch die Luftmatratzen auf, während Frauchen anfängt das Abendessen zu kochen.

Hmmm, duftet das gut!

Bald gibt es Essen, auch für mich.

Danach sitzen wir noch gemütlich vor dem Zelt und plötzlich sagt Herrchen: »Eigentlich kann Billy ja im Freien schlafen und uns bewachen.«

Da wird Frauchen fast ein bisschen böse und entgegnet: »Kalle, du hattest Billy doch versprochen, dass er bei uns im Zelt schlafen darf!«

»Ach Elfi, die Nacht ist so warm, da fühlt er sich im Freien bestimmt wohler«, erwidert Herrchen. Er bindet mich an einer Zeltstange fest, danach krabbeln beide in ihre Schlafsäcke auf den Luftmatratzen, während ich es mir vor dem Zelt bequem mache.

Nach zehn Minuten beginnt Herrchen so laut zu schnarchen, dass Frauchen ihn in die Nase zwicken muss, damit er aufhört. Ich will auch gerade eindösen, da höre ich etwas rascheln. Was ist das? Ein Fuchs? Den muss ich verjagen, damit er Herrchen und Frauchen nicht stört! Wütend renne ich los, aber … oh Schreck! Ich bin ja an der Zeltstange angebunden!

Und da ist es auch schon passiert! Das Zelt ist über Herrchen und Frauchen zusammengefallen. Herrchen schimpft und flucht, während Frauchen lachend aus dem Zelt krabbelt.

»Siehst du, Kalle, hättest du Billy bei uns im Zelt schlafen lassen, wäre das nicht passiert.«
»Meinetwegen, ihr Plagegeister«, brummt Herrchen, während er das Zelt wieder aufbaut. »Aber wenn Billy im Zelt schnarcht, fliegt er raus!«
Als Frauchen und ich das hören, müssen wir beide lachen.

Es war eine tolle Nacht im Zelt zwischen Frauchen und meinem schnarchenden Herrchen.

Der kleine Boxerhund

Heute war wieder ein aufregender Tag, und das kam so:
Morgens nach dem Frühstück liest mein Herrchen immer die Tageszeitung, während Frauchen den Tisch abräumt und mir danach einen Hundekuchen gibt. Ich liege gerade auf meinem Platz unter der Treppe und knabbere genüsslich an dem Kuchen, da höre ich Herrchen hinter der Zeitung hervorrufen:
»Mensch, Elfi, heute hat der Popsi-Markt ein Inserat mit tollen Sonderangeboten in der Zeitung, die sollten wir uns nicht entgehen lassen!«
Frauchen kommt aus der Küche, nickt zustimmend und sagt: »Billy darf heute mal mit zum Einkaufen!«
»Meinetwegen«, brummt Herrchen. Frauchen holt die Leine vom Haken in der Garderobe und Herrchen die große Einkaufstasche.

Nach einer viertelstündigen Autofahrt kommen wir am Popsi-Supermarkt an. Viele Autos stehen auf dem Parkplatz und noch mehr Leute sind an den Verkaufsständen zu sehen, die vor dem großen Haus aufgebaut sind. Da gibt es einen Lastwagen mit Bananen und Apfelsinen, einen Kombi mit Waschpulver und viele Marktstände mit Butter und Käse, Blumen und Topfpflanzen, Brot und Kuchen, Dosen und Flaschen.
Herrchen interessiert sich natürlich für das Konserven-Angebot und das Weinsortiment. »Schau mal, wie hübsch sie das aufgebaut haben«, sagt Frauchen, als wir vor einem Turm aus lauter Bohnen-, Erbsen- und Möhrendosen stehen.
»Halt ja Billys Leine gut fest«, mahnt Herrchen, »damit er mit seiner neugierigen Schnüffelnase nicht den Konserventurm umschmeißt! Am besten, wir binden ihn dort an der Fahnenstange fest, wo der kleine Boxerhund sitzt. Ich kaufe schnell sechs Dosen Erbsen, dreimal Bohnen und zwei Büchsen Möhren. Die Tragetüte kann Billy dann bewachen, solange wir im Supermarkt einkau-

fen; wir brauchen noch Hundekuchen und Milch. Wenn Billy schön brav ist, kann er einen Kuchen haben, wenn wir zurückkommen.«
Gesagt – getan. Ich werde von Frauchen zu dem jungen Boxer gebracht und festgebunden, während Herrchen die Gemüsedosen kauft. Danach verschwinden die beiden im Supermarkt.
Neben mir höre ich es schniefen und schluchzen: »Wo bloß mein Frauchen bleibt? Hoffentlich hat sie mich nicht vergessen!« Der kleine Boxer heult wirklich herzzerreißend.

Ich stupse ihn an: »Halb so schlimm, sie wird gleich kommen.« Und dann erzähle ich ihm eine Geschichte von meiner letzten Mäusejagd, die er so spannend findet, dass er gebannt zuhört und nicht mehr traurig ist. So vergeht die Zeit wie im Flug.

Dann kommen auch schon Herrchen und Frauchen mit einem voll bepackten Korbwagen und hinter ihnen sehe ich eine junge Frau mit einem roten Hütchen. Sie bindet den jungen Boxerhund los, der sich riesig freut und immer wieder an ihr hochspringt.

Ich bekomme von Herrchen den versprochenen Hundekuchen, aber ich finde, der kleine Boxer braucht viel eher eine Belohnung als ich, und deshalb lasse ich heimlich meinen Hundekuchen fallen und marschiere hinter meinem Herrchen her. Als ich sehe, wie der junge Hund sich erfreut auf mein Geschenk stürzt und mir zum Dank zuzwinkert, muss ich schon wieder ein bisschen lachen. Beim nächsten Mal wird er bestimmt keine Angst mehr haben!

Doris

Heute wollte mich jemand verwöhnen, und das kam so:

Früh am Morgen sagt Frauchen zu mir: »Aufstehen, alter Junge, wir fahren nach München und du darfst mit!« Obwohl ich noch nicht richtig ausgeschlafen bin, komme ich gerne von meinem Platz unter der Treppe hervor, während Herrchen stöhnend eine große Reisetasche anschleppt: »Elfi, ich glaube, du hast keinen Schlafanzug, sondern eine Ritterrüstung für mich eingepackt.«

»Nun übertreib nicht«, lacht Frauchen, »wenn man ein paar Tage verreist, braucht man so manches und saubere Wäsche zum Wechseln ist notwendig.«

Die Fahrt nach München dauert zweieinhalb Stunden und ist für mich ziemlich langweilig. Immer auf der Autobahn, dieser Krach von den

großen Lastwagen, dass man nicht einmal ein Schläfchen machen kann, und wenn ich mir etwas Bewegung verschaffe, schimpft Herrchen gleich mit mir. Endlich sind wir da.
Herrchen klingelt an der Haustür eines Bungalows. Sofort wird die Tür aufgerissen und Doris stürmt heraus. Sie kennt mich noch nicht, aber sie ist sehr nett. »Mensch, ist das Billy? Der ist aber süß, den muss ich gleich streicheln.« Sie krault mich am Ohr und knuddelt meinen Rücken.
Da kommen auch schon Jochen und Christel, die Eltern von Doris, und begrüßen Herrchen und Frauchen und natürlich auch mich. »Fein, dass ihr da seid, dann können wir ja gleich losfahren«, sagt Jochen und zieht seinen Mantel an.
»Billy, wir haben einen geschäftlichen Termin in der Innenstadt, da kannst du nicht mit«, belehrt mich Herrchen, weil ich auch zur Tür hinauswill. »Du bleibst bei Doris und passt gut auf sie auf!« Und weg sind sie alle miteinander, während ich ihnen verdutzt hinterherschaue.
Doris nimmt mich mit ins Wohnzimmer, krault

mich wieder und gibt mir einen Schokoladenkeks. Hmmm, schmeckt der lecker! Nur gut, dass Herrchen das nicht sieht, sonst würde er schimpfen, weil ich nichts Süßes bekommen soll. Er sagt, es sei ungesund für mich.
Da … drrr, drrr … klingelt es. Doris schaut mich an und geht vorsichtig zur Haustür. Sie öffnet sie nur so weit, wie die Sicherheitskette es erlaubt. Draußen ist es schon duster. Nur ein dickes gelbes Gesicht ist durch den Türspalt zu erkennen. Doris erschrickt und stößt einen lauten Schrei aus.

Wütend renne ich aus dem Wohnzimmer und verbelle den ungebetenen Besucher. Doris braucht keine Angst zu haben, ich werde sie gut bewachen! Doch halt, da höre ich draußen eine kleinlaute Stimme, die sagt: »Doris, ich bin's doch, der Seppl, dein Freund. Ich möchte dir meinen neuen Lampion zeigen und mit dir Laterne laufen gehen.«

Da muss Doris lachen, öffnet die Tür und lässt den verdatterten Seppl ins Haus.

Als die Erwachsenen zurückkommen, erzählt Doris die Geschichte von dem großen gelben Mondgesicht. Und weil ich so gut auf Doris aufgepasst habe, bekomme ich als Belohnung eine Original Münchner Weißwurst von Vater Jochen. Die schmeckt noch viel besser als der Schokoladenkeks, sodass ich vor Freude lachen muss.

Beim Fotografen

Heute war Herrchen ganz schön albern, und das kam so:

Er hatte, wie er meinte, eine tolle Idee. »Billy Backenzahn«, sagt er mit ernster Miene zu mir, »du wirst fotografiert, denn ich möchte ein Bild haben, auf dem du lachst. Meine Freunde Arno in Hamburg und Evgeni in Berlin glauben nicht, dass du ein Lachhund bist.« Er bürstet und kämmt mich, dann holt er Leine und Halsband vom Haken und wir verlassen das Haus.

»Heute gehen wir zu Fuß, damit deine Muskeln geschmeidig bleiben und du einen lockeren Eindruck vor der Kamera des Fotografen machst«, erklärt er mir.

Nachdem wir die Allee erreicht haben, sind es nur noch hundert Meter zu Herrn Knipsle, dem Fotografen.

Ich finde das Ganze doof und mache ein missmutiges Gesicht, als Herr Knipsle mich auffordert auf einem roten Würfel Platz zu nehmen. Und nun passieren Dinge, über die ich mich sehr wundern muss.

Mein Herrchen stellt sich hinter den Fotografen und dessen Kamera und fängt an Grimassen zu schneiden. Er meint wohl, das sei lustig und ich müsse darüber lachen. Er schielt, steckt die Fin-

ger in die Ohren und kneift die Augen zu, danach bläst er die Backen auf und macht mit den Fingern Hasen-Öhrchen.
Ich finde das Ganze höchst albern und gucke gelangweilt zur Decke.
»Mensch, Billy, lach doch mal«, ruft Herrchen und hüpft wie ein fettes Rumpelstilzchen auf einem Bein im Kreis herum.

Herr Knipsle schaut ihm etwas verwundert zu:

»Kalle, ich glaube, dein Hund kann gar nicht lachen.«
Herrchen bleibt enttäuscht stehen und sagt schwitzend: »Da kann man wohl nichts machen, der Bursche foppt mich!« Er nimmt mich an die Leine und verlässt den Laden von Meister Knipsle, ohne auf Wiedersehen zu sagen.
Zu Hause erzählt er alles Frauchen und legt sich danach mürrisch auf die Couch.
Frauchen kommt zu mir und sagt: »Billy, wie wär's jetzt mit dem Kalbsknochen von heute Mittag?« Dabei hält sie eine Hand hinter ihrem Rücken versteckt.
Hmmm, ein saftiger, leckerer Kalbsknochen – das wäre jetzt genau das Richtige für mich! Bei dem Gedanken daran muss ich voller Vorfreude lachen – und blitz … klick! hat Frauchen geknipst. Sie hatte keinen Knochen, sondern einen Fotoapparat in ihrer Hand. Den Knochen bekomme ich aber auch noch – und Arno und Evgeni nächste Woche ein Foto vom lachenden Billy Backenzahn.

Maximilian

Heute hat Herrchen sich Ärger eingehandelt, und das kam so:
Herrchens Freund Achim ruft an und fragt ihn: »Kalle, kannst du für zwei Tage meinen Papagei Maximilian in Pflege nehmen? Ich muss meine kranke Mutter im Schwarzwald besuchen und kann den Vogel nicht mitnehmen.«
Herrchen willigt ein und erklärt mir, als das Telefongespräch beendet ist: »Billy, wir bekommen ein Tier als Untermieter, das sprechen kann. Da staunst du, was? Reden ist noch viel toller als Lachen! Komm, wir holen Maximilian.«
Achim wohnt im 14. Stockwerk eines Hochhauses am Rande der Stadt. Als wir angekommen sind, muss ich wieder einmal auf der Rückbank im Auto warten, bis Herrchen endlich mit dem Vogelbauer und Maximilian darin zurückkommt.

Er stellt den Käfig vorsichtig auf den Vordersitz und ermahnt mich, nicht zu bellen, damit der Papagei keinen Schrecken bekommt.

»Maximilian braucht frische Luft«, erklärt er, während er das Seitenfenster ein wenig herunterkurbelt.

Auf mich nimmt er nie so viel Rücksicht, denke ich ein wenig beleidigt, als er losfährt.

An der nächsten Ampel muss Herrchen halten, weil sie Rot zeigt. Ein dicker Mann will gerade die Straße überqueren, da ertönt es laut und deutlich aus dem Vogelkäfig: »Schafskopf! Schafskopf! Schafskopf!«

Der dicke Mann dreht sich wütend um und fragt Herrchen drohend: »Meinen Sie etwa mich, Sie unverschämter Kerl?«

Mit rotem Kopf fährt Herrchen weiter und ist froh, als wir endlich zu Hause anlangen. Da steht die Briefträgerin, Frau Blümel, mit einem Einschreiben, das Herrchen quittieren soll. »Dumme Pute! Dumme Pute! Dumme Pute!«, plärrt es aus dem Auto. Herrchen versucht Frau Blümel zu erklären, dass das Maximilian, der Papagei von seinem Freund Achim, sei, den er in Pflege genommen habe. Aber die erboste Briefträgerin hört dies schon nicht mehr, weil sie mit ihrem Fahrrad davongeradelt ist.

Herrchen trägt das Vogelbauer vorsichtig ins Haus und stellt es auf ein Tischchen beim Fenster. Aber schon geht's wieder los: »Fettkloß! Fettkloß! Fettkloß!«

Nun reicht es ihm. Er nimmt ein dunkles Tuch und deckt es über den Käfig, damit Maximilian glauben soll, es sei Nacht und er müsse schlafen. »Halt endlich den Schnabel«, schimpft er dabei. Dann krault er mich hinter den Ohren: »Lieber ein Lachwachhund als so ein freches Papageienvieh!«, versichert er mir.
Das höre ich natürlich gerne und fange auch gleich an zu lachen.

Das Spaghetti-Essen

Heute wurde ich ungerecht behandelt, und das kam so:
Herrchen sagt zu Frauchen: »Elfi, ich habe große Lust auf Spaghetti. Wollen wir nicht ins italienische Lokal zu Antonio gehen? Der macht die besten! Und Billy darf mit, weil er so brav ist.«
Na ja, sooo gerne gehe ich nicht mit in ein Gasthaus, da muss ich nämlich immer still unter dem Tisch liegen und darf nicht im Lokal rumschnüffeln, obwohl es dort so gut nach Essen riecht.
Wir fahren mit dem Auto zum Restaurant vom dicken Antonio, der gerade in der Tür steht und Herrchen und Frauchen überschwänglich begrüßt: »Ah, Signor Kalle und Signora Elfi. Sie kommen bestimmt zum Spaghetti-Essen. Antonios Spaghetti sind die besten in der ganzen Gegend – und mein Salat! Hmm – frisch und

knackig, buonissimo!« Dabei schnalzt er genüsslich mit der Zunge.

Herrchen und Frauchen wählen einen Tisch in der Ecke, wo ich genügend Platz habe. Aber es ist gar nicht gemütlich oder aufregend, unter einem Tisch zu liegen. Antonio bringt Rotwein für Herrchen und einen Apfelsaft für Frauchen. Dann nimmt er die Bestellung auf. Und da passiert es! Er macht einen Schritt zur Seite und tritt mit seinem großen Fuß auf meine rechte Vorderpfote! Autsch! Tut das weh! Ich schrecke hoch und stoße mit dem Kopf von unten gegen den

Tisch. Der wackelt und kuppelt und pardauz – fällt Herrchens Rotweinglas um. Das ganze Tischtuch ist verkleckert, sogar Herrchens frisch gewaschene Cordhose bekommt etwas ab.
Er ist natürlich ganz schön ärgerlich und schimpft wie ein Rohrspatz: »Billy Backenzahn, kann man dich denn nirgendwohin mitnehmen? Zur Strafe bringe ich dich jetzt ins Auto.« Er nimmt die Leine und zieht mich aus dem Restaurant.
Auf dem Parkplatz setzt er mich ins Auto: »So, jetzt wartest du hier, bis wir unsere Spaghetti gegessen haben!«
Ich bin ziemlich beleidigt, als Herrchen wieder in Antonios Lokal zurückgeht. Mit Absicht habe ich doch das Weinglas nicht umgeworfen!
Doch wenig später steht Herrchen wieder vor dem Wagen – mit einem großen Stück Salami in der Hand. Er öffnet die Autotür und sagt zerknirscht: »Entschuldige, alter Junge! Antonio hat mir gerade gestanden, dass er versehentlich auf deine Pfote getreten ist. Hier, die Salami ist von ihm und du sollst wieder mit ins Restaurant kommen. Die

Tischdecke wird in die Reinigung gegeben, Antonio spendiert mir ein neues Glas Wein und die Flecken in meiner Hose sind halb so schlimm!«

Die Salami schmeckt so lecker, dass ich mir überlege, ob ich mich nicht noch einmal von Antonio treten lasse – und dabei muss ich schon wieder ein bisschen lachen.

Die Hundeausstellung

Heute habe ich einige eitle Menschen kennen gelernt, und das kam so:
Seit Tagen schon bürstet mich Herrchen länger als normal. Er striegelt und kämmt mich von hinten und von vorn und murmelt immer etwas von »wir beide müssen groß rauskommen«. Am vierten Tag endlich rückt er mit seinem Geheimnis heraus: Er hat mich zu einer Hundeausstellung angemeldet und will, dass ich einen Schönheitspreis bei den Riesenschnauzern gewinne, möglichst einen Pokal!
Früh am Sonntagmorgen fahren wir nach Ludwigsburg zum Ausstellungsgelände. Es herrscht schon ein ganz schönes Gedränge und es wimmelt von Hunden: große, kleine, dicke, dünne, langhaarige, kurzhaarige – und natürlich auch Riesenschnauzer.
Wir Hunde freuen uns, als wir uns sehen, und

begrüßen uns mit lautem Gebell. »Alle Riesenschnauzer treffen sich an Ring drei«, ruft eine Lautsprecherstimme.
Herrchen ist so aufgeregt, dass er gleich wieder anfängt mich zu bürsten und zu kämmen.

Eine rothaarige Frau sagt mit eingebildeter Miene: »Mein Arco ist der Schönste, weil er einen so prächtigen Bart hat!«
Da entgegnet ein Mann mit Baskenmütze:

»Nein, mein Micha hat ein viel glänzenderes Fell, er wird bestimmt gewinnen!«
»Niemals«, ruft ein junger Mann mit Schnurrbart, »mein Pascha hat einen so eleganten Gang, dass er den ersten Preis bekommt!«

»Meiner ist nicht nur der größte Rüde mit schönem Bart, glänzendem Fell und elegantem Gang, er kann auch noch lachen. Das ist etwas ganz

Besonderes!«, schaltet mein Herrchen sich in das Streitgespräch ein.
Ich werde ganz verlegen bei so viel Lob. Aber die anderen Hundebesitzer haben ihn gar nicht gehört, sie streiten und streiten, während wir Riesenschnauzer uns friedlich beschnuppern oder in der Sonne dösen.
Gelangweilt schauen wir zu, wie sich unsere Herrchen und Frauchen immer mehr ereifern.
»Meiner hat ein tolles Gebiss.« – »Meiner schöne dunkle Augen.« – »Meiner große Pfoten.« – »Meiner die längsten Augenbrauen« … So geht es hin und her, jeder will den anderen übertrumpfen.
Uns Hunde interessiert diese Diskussion überhaupt nicht, wir blinzeln uns nur gelangweilt zu.
Einige Besucher der Ausstellung bleiben verwundert stehen, manche von ihnen mischen sich in die Auseinandersetzung ein. Bald sieht man nur noch Menschen, die schreien und gestikulieren. Einige haben schon ganz rote Köpfe, andere drohen einander sogar mit der Faust.

Mir ist es egal, ob ich der Schönste bin. Für mich ist die Hauptsache, ich kann viel rumtollen, Quatsch machen, spazieren gehen, bekomme gutes Fressen und kann gemütlich unter der Treppe auf meinem Platz schlafen.

Ach so, ja, ich habe auf der Ausstellung den zweiten Preis gewonnen. Als Herrchen dafür einen mickrigen Pokal bekommt und ihn stolz

entgegennimmt, muss ich ein bisschen über ihn lachen.

Das T-Shirt

Heute wollte Herrchen ein Porträt von mir, und das kam so:

Herrchen arbeitet als Grafiker zu Hause und manchmal hilft ihm ein junges Mädchen. Alle nennen sie Ulli, obwohl sie in Wirklichkeit Ulrike heißt. Sie ist sehr lustig, trägt meistens einen kleinen Zopf oder einen Pferdeschwanz und liebt die Farbe Weiß ganz besonders. Deshalb hat sie oft weiße Schuhe an, weiße Jeans und ein weißes T-Shirt.

Seit zwei Wochen besitzt sie auch ein kleines weißes Auto. Wenn sie zum Arbeiten zu uns kommt, hupt sie, damit ich weiß, jetzt kommt Ulli. Dann renne ich schnell ans Gartentor und begrüße sie, denn sie hat immer irgendetwas für mich dabei – einen Hundekuchen, ein Stück Leberwurstbrot oder manchmal sogar einen Kalbsknochen. Auch heute war es wieder so.

»Tuut, tuut«, höre ich das kleine weiße Auto schon von weitem und sause los. Ulli fährt vor, steigt aus und was hält sie mir hin? Eine halbe Bockwurst!

Schnapp – schon ist sie gegessen. Hmmm, die war lecker. Aus Freude und Dankbarkeit springe ich an Ulli hoch und denke nicht mehr daran, dass ich gerade eben unter der Hecke nach einer Maus gegraben habe. Meine Pfoten sind schmutzig und hinterlassen auf dem blütenweißen T-Shirt hässliche Spuren.

»Billy Backenzahn, kannst du dich nicht benehmen?«, schimpft mein Herrchen. »Schau nur, was du angerichtet hast, du Ferkel!«
Ulli lacht: »Aber Kalle, das macht doch nichts, das T-Shirt kann man ja waschen!«
Sie setzt sich an ihren Arbeitstisch und beginnt zu malen. Sie hilft Herrchen Bilder mit Farbe zu kolorieren und macht das ganz toll. Ich setze mich zu ihr, weil sie meine Freundin ist, und schaue zu. Nach einer Weile sagt sie zu mir: »Billy Backenzahn, ich hab eine Idee!« Sie zieht das verschmutzte T-Shirt aus. »Jetzt kommt eine Überraschung, Billy, guck mal 'ne Weile weg!«
Dann zeichnet und malt sie, föhnt die Farben trocken, nimmt einen anderen Pinsel, dann einen Filzstift, steht auf und betrachtet kritisch, was da entstanden ist, nimmt wieder den Föhn und sagt dann: »So, jetzt bin ich fertig, Billy. Mach die Augen auf!«
Neugierig reiße ich die Augen auf, aber was ist das? Ulli hat ihr T-Shirt wieder angezogen und es ist kein bisschen Schmutz mehr drauf zu sehen,

sondern ein lachender Billy-Backenzahn-Kopf! Ich gefalle mir sehr gut und wedele deshalb freudig mit meinem Stummelschwanz.

Da kommt Herrchen zur Tür herein und sieht Ullis Kunstwerk. »Klasse, Ulli«, sagt er, »du hast Billy ja prima getroffen. Diese Ähnlichkeit!« Nach einer Weile fragt er verlegen: »Ich hab auch so ein weißes T-Shirt, Ulli, ob du mir auch einen Lachhund darauf malen könntest?«

Ulli nickt und zwinkert mir zu, während Herrchen sein Hemd holt. Bei dem Gedanken, dass Herrchen über seinem dicken Bauch ein Billy-Backenzahn-Porträt tragen will, muss ich schon wieder ein bisschen lachen.

Der Krebs

Heute hat Herrchen ein unfreiwilliges Tänzchen aufgeführt, und das kam so:
Herrchen, Frauchen und ich sind für einige Tage an die Nordsee gefahren, um auszuspannen und Sauerstoff zu tanken, wie Herrchen sich ausdrückt. Es ist auch wirklich riesig an der See. Wir wohnen in einem gemütlichen Gasthaus an der Strandpromenade, die Sonne scheint und man kann lange Spaziergänge machen.
Heute Morgen sagt Herrchen zu Frauchen: »Elfi, das Licht ist gerade so gut, ich möchte einige Möwen und Krebse fotografieren. Kommst du mit?«
»Ach, lass mich mal hier, Kalle, ich lege mich in den Liegestuhl auf den Balkon und lese ein bisschen«, antwortet Frauchen. »Nimm lieber Billy Backenzahn mit, der freut sich schon drauf.«

Herrchen legt mir das Halsband um, holt seinen Fotoapparat aus dem Kleiderschrank, setzt den Sonnenhut auf und los geht's! Wir brauchen nur die Uferstraße zu überqueren und schon sind wir auf dem herrlichen Sand. Juhuu, das ist klasse! Am Strand rumzuschnüffeln, ab und zu einen anderen Hund zu treffen und mit ihm um die Wette zu laufen.

»Komm, Billy, wir machen ein Wettrennen«, ruft Herrchen und läuft los. Natürlich bin ich viel schneller und habe ihn bald überholt.

»Halt, warte auf mich, Billy Backenzahn«, schnauft Herrchen, »ein alter Mann ist doch kein D-Zug!«
Nach Luft japsend bleibt er stehen. Er nimmt seinen Fotoapparat und knipst ein Bild von mir, dann entdeckt er einen Schwarm Möwen, der kreischend über uns fliegt. Klick, die nächste Aufnahme ist im Kasten. Nun schleicht sich Herrchen langsam an andere Möwen heran, die im Sand nach Muscheln suchen. Er ist selig über die vielen schönen Vogelmotive und fotografiert wie ein Wilder.

»Billy, jag mal die Möwen dort auf der Sandbank hoch. Ich möchte knipsen, wie sie auffliegen. Los, sei kein Frosch, das Wasser ist nicht kalt!«
Ich habe aber heute gar keine Lust Möwen zu jagen, ich möchte viel lieber im Sand rumschnüffeln. Hier riecht's überall nach anderen Hunden!
»Na, mach schon«, ermuntert mich Herrchen, »ich will doch auch noch Krebse fotografieren, ich habe bloß noch keine entdeckt.«

Ich tue so, als verstünde ich ihn nicht und setze mich brav vor ihn hin.
»Pass auf, ich zeig dir, was ich meine, Billy«, erklärt mir Herrchen eifrig, während er seine Hosenbeine hochkrempelt. Dann rennt er los.

Das sieht vielleicht komisch aus: Der Fotoapparat baumelt ihm um den Hals, die Arme flattern in der Luft und er stelzt wie ein fetter Storch im Salat durch das Wasser. Die Möwen schauen verwundert und fliegen mit einem erstaunten »Krah, krah« auf, um sich nach zwanzig Metern auf der nächsten Sandbank niederzulassen.
Mein Herrchen hinterher.

Doch plötzlich: »Aua, autsch, verflixte Kiste«, schreit er und hüpft wie Rumpelstilzchen auf dem linken Bein herum, während er das rechte weit von sich streckt und heftig schüttelt.
Ein kleiner Krebs hat ihn in die große Zehe gebissen und hält sich hartnäckig daran fest. Doch zum Fotografieren kommt Herrchen nun nicht mehr. Die Möwen sind davongeflogen und der Krebs denkt nicht daran, den Zeh loszulassen.
Einige Spaziergänger, die vorbeikommen, bleiben verwundert stehen. Einer zückt sogar seinen Fotoapparat und macht ein Bild von ihm. Sie glauben wohl, mein Herrchen führt einen neuen Modetanz vor.
Über ihre verdutzten Gesichter muss ich schon wieder ein bisschen lachen, während Herrchen endlich den Krebs abschütteln kann und humpelnd aus dem Wasser kommt. Ich glaube, heute hat er keine Lust mehr zum Fotografieren!

Auf der Pirsch

Heute war ich auf der Pirsch, und das kam so: Herrchens Vater Ernst ist Jäger und hat einen Jagdhund mit großen Schlappohren. Er ist grau mit braunen Flecken und heißt Donald. Wir mögen uns sehr und rennen oft um die Wette oder balgen uns um Stöcke, die Vater Ernst fortwirft. Es macht großen Spaß, mit Donald zu spielen.
Heute Morgen kommen die beiden zu uns und Herrchens Vater sagt: »Kalle, ich will zur Jagdhütte von den Heinleins fahren. Willst du mit Billy nicht mitkommen? Wir könnten zuerst auf die Pirsch gehen, dann zünftig vespern und in der Hütte übernachten.«
Ich finde es wunderbar, dass Herrchen zusagt. Er packt seinen Schlafsack und meinen Fressnapf ein und dann brechen wir auf.
Nach einer Stunde Fahrt sind wir an der Jagd-

hütte angelangt. Sie liegt am Waldrand und ist innen sehr gemütlich eingerichtet. Die Männer packen ihre Schlafsäcke aus und Herrchens Vater sagt: »Kalle, jetzt wollen wir mal sehen, was Billy auf der Pirsch kann.« – Weiß der denn nicht, dass ich ein Wachhund und kein Jagdhund bin?

Im Wald beginnt Donald sofort aufgeregt am Boden zu schnüffeln und an seiner Leine zu ziehen, während mich eigentlich eher die Bäume

interessieren und ob es da schon nach anderen Hunden riecht.
Herrchens Vater neckt uns: »Billy hat wohl anstelle einer Spürnase eine Kartoffel im Gesicht?«
Herrchen wird ganz schön sauer und meckert mich an: »Nun such doch auch einmal eine Reh- oder Hasenfährte, Billy Backenzahn!«
Ich strenge mich ein bisschen an, aber nach kurzer Zeit habe ich keine Lust mehr. So trabe ich zwei Stunden neben meinem muffeligen Herrchen durch den Wald und bin froh, als wir endlich wieder bei der Jagdhütte ankommen.
Es wird gegessen und Donald und ich bekommen leckere Hundeflocken mit Fleischbrühe. Bald gehen die Männer zu Bett und auch Donald schläft sofort ein.
Doch was ist das – war da nicht ein Geräusch?
Als Wachhund bin ich natürlich sofort alarmiert, spitze die Ohren und belle.
Da wacht Vater Ernst auf, schlüpft schnell aus seinem Schlafsack und schleicht zum Fenster, um nachzusehen, was los ist.

»Mensch, Kalle«, ruft er dann nach hinten in den Raum, »dein Billy ist ja doch nicht so eine Flöte wie ich gedacht habe. Der hat prima aufgepasst und gleich gemerkt, dass sich draußen etwas tut. Im Maisfeld sind nämlich einige Wildschweine und holen sich ihr Abendbrot. Billy ist zwar kein guter Spurenleser, aber dafür ein prima Wachhund!«
Über dieses Lob freue ich mich so sehr, dass ich lachen muss.

Lars und Susi

Heute habe ich unseren Nachbarn erschreckt, und das kam so:
Seit einem halben Jahr steht in unserem kleinen Tal mit den schönen großen Bäumen noch ein weiteres Haus. Darin wohnen Vater Wilfried und Mutter Uschi mit ihren Kindern Lars und Susi. Sie sind sehr nett und wir besuchen sie oft.
Auch heute wieder sind wir eingeladen. Während Wilfried und Herrchen den Grill anzünden und die Frauen den Tisch decken, machen Lars, Susi und ich Quatsch. Lars versteckt sich und Susi und ich müssen ihn suchen.
Lars ist ein pfiffiger Junge mit roten Haaren. Er versteckt sich in einer Holzkiste.
Mit meiner guten Nase spüre ich natürlich sofort sein Versteck auf und Susi freut sich sehr, dass wir ihn gleich finden.

Danach spielen wir eine Weile Ballfangen. Und dann holt Lars seinen Propellervogel, der so schön durch die Luft fliegt und dabei brummt, wie eine große dicke Hummel. Es macht Spaß, mit den beiden Nachbarskindern zu spielen.

Nach dem Essen trinken Uschi, Herrchen und Frauchen noch jeder eine Tasse Kaffee, während Vater Wilfried sich mit den Worten verabschiedet: »Ich ziehe mich zu einem kurzen Mittagsschläfchen zurück. Die ganze Woche muss ich um sechs Uhr früh aufstehen, da habe ich mir am Wochenende ein kleines Nickerchen verdient.«
Und die Kinder ermahnt er: »Macht nicht so einen Krach, während ich auf dem Sofa liege!«
Lars und Susi wollen mit mir Fangen spielen, denn am Tisch zu sitzen ist zu langweilig.
Wir rennen über die Wiese und die Kinder kreischen vor Vergnügen. »Ruhe!«, hören wir da aus dem Wohnzimmer die Stimme Wilfrieds. Etwas erschrocken setzen wir uns auf die Terrasse und Lars wirft immer wieder einen Tennisball ins Gras, den ich ihm zurückbringe. Doch plötzlich werden wir von einem ungewohnten Geräusch gestört. Es kommt aus dem Wohnzimmer und klingt richtig gefährlich!
Leise schleichen die Kinder und ich ins Wohnzimmer. Und was sehen wir? Vater Wilfried liegt

auf dem Sofa und schnarcht und prustet, dass es eine wahre Pracht ist.

Lars zwinkert Susi und mir zu und verschwindet im Badezimmer. Kurze Zeit danach erscheint er mit einem Wattebausch, den er ganz vorsichtig über Wilfrieds Mund hält. Dann lässt er ihn los und die Watte fliegt wie eine dicke Schneeflocke in die Luft.

Als sie langsam wieder nach unten sinkt, will ich sie fangen, und dabei stupse ich mit meiner kalten feuchten Nase dem Vater mitten ins Gesicht. Wilfried wacht auf – und weil er noch etwas verschlafen ist, erschrickt er so über mich, dass er mit einem Satz von der Couch aufspringt. »Hilfe, ein schwarzer Zottelbär ist in unserem Wohnzimmer!«, ruft er entsetzt.

Da müssen Lars, Susi und ich so lachen, dass Wilfried schließlich davon angesteckt wird und uns wegen der Ruhestörung nicht böse ist.

Ein Hammel namens Albert

Heute war mein Herrchen sehr froh, dass ich so mutig bin, und das kam so:
»Elfi, hast du auch das Geschenk für Sabine und Hansjörg hübsch eingepackt?«, fragt Herrchen, während er Halsband und Leine vom Haken nimmt.
Da kommt auch schon Frauchen die Treppe herunter. Sie trägt ein Päckchen, um das eine große Stoffschleife gebunden ist.
»Billy, wir fahren zu Weitbrechts, die haben sich ein Bauernhaus auf dem Land gekauft mit einem großen Garten und vielen Apfelbäumen. Da kannst du herumtollen, während wir Kaffee trinken!«, erklärt mir Herrchen.
Auf der Fahrt singen Herrchen und Frauchen lustige Lieder und bald erreichen wir unser Ziel in

Unterlenningen. Hansjörg und Sabine begrüßen uns freundlich und führen uns hinter das Haus.

»Komm, Kalle, ich zeig dir mal unsere neueste Errungenschaft«, sagt Hansjörg. »Das ist Albert!«

Und er zeigt auf einen großen Hammel, der auf der eingezäunten Wiese mit den Apfelbäumen grast. Weiter unten entdecke ich zwei Schafe, die friedlich Gras knabbern.

»Albert ist ein ziemlich wildes Tier«, meint Hansjörg, »man muss höllisch aufpassen, wenn man Äpfel ernten will. Dann kommt er angriffslustig angerannt und will einen mit Kopfstößen von seiner Wiese vertreiben.«

Herrchen entgegnet großspurig: »Lass man gut sein, Hansjörg, so schlimm wird es nicht sein, ich hole mir zu Kaffee und Kuchen noch einen schönen Apfel.«

Er greift sich die Leiter, die am Zaun lehnt, klettert über den Zaun und marschiert auf den nächsten Apfelbaum zu. Sorgfältig stellt er die Leiter gegen den Stamm und klettert hoch.

Albert hat ihn genau beobachtet und sein Blick gefällt mir gar nicht. Wütend scharrt er mit dem Vorderfuß, fast wie ein Stier, und senkt den Kopf. Plötzlich ein wütendes »Määähh« und Albert rast los, direkt auf den Apfelbaum zu, auf den Herrchen geklettert ist. In vollem Lauf rennt Albert mit seinem harten Schädel gegen die Leiter, die sofort umfällt. Herrchen kann sich gerade noch an einem dicken Ast fest halten und hängt nun ziemlich hilflos am Apfelbaum.

»Hilfe, Hansjörg, Billy, helft mir«, ruft er ängstlich, während der Ast bedenklich knirscht und knackt.
Mit einem Satz springe ich über den Zaun und stürme bellend auf Albert zu. Hansjörg folgt mir.

Vor so einem schwarzen Riesenschnauzer-Wachhund wie mir mit seinen gefährlich großen Zähnen, der bellend auf ihn zukommt, kriegt selbst Albert Angst. Er macht kehrt und rennt davon, geradewegs zu seinen beiden Schafdamen.

Hansjörg hebt die Leiter auf, stellt sie an den Baum und Herrchen klettert keuchend zu uns herunter.

»Das ist ja gerade noch mal gut gegangen«, meint er, als er wieder festen Boden unter den Füßen hat, und klopft sich leicht zitternd seine Hose ab.

Als alle am Kaffeetisch sitzen, den Sabine und Elfi inzwischen gedeckt haben, bittet Frauchen, die von dem ganzen Vorfall nichts bemerkt hat:

»Kalle, bist du nachher so lieb und holst mir einen schönen Apfel vom Baum?«

Als ich Herrchens verdattertes Gesicht sehe, muss ich schon wieder ein bisschen lachen.

Der Kettenhund

Heute haben Herrchen und ich jemanden glücklich gemacht, und das kam so:

Jeden Mittag nach dem Essen gehen Herrchen und ich spazieren. Deshalb kann ich es meistens kaum erwarten, bis Herrchen vom Tisch aufsteht, Leine und Halsband holt, mir einen Klaps gibt und die Haustür öffnet. »Heute gehen wir mal wieder am Aussiedlerhof vorbei«, sagt er, während er das Gartentürchen hinter uns schließt.

Wir laufen auf einem schönen Grasweg Richtung Wald. Hier kann ich nach Herzenslust rumtollen, nach Mäusen schnüffeln und Maulwürfe ausbuddeln.

Bald sehen wir den Bauernhof am Waldrand. Er besteht aus einem Wohnhaus mit angebautem Stall, einer großen Scheune und einem Schuppen für den Traktor.

Je näher wir kommen, desto lauter hören wir aufgeregtes Hundegebell. Und plötzlich sehen wir ihn, den großen braunen Mischlingshund, der mit einer langen Kette an seiner Hütte festgebunden ist. Wild zerrt er an seiner Kette und verbellt uns, als wären wir seine schlimmsten Feinde. Immer wieder springt er auf uns los, als ob er uns zerfleischen wollte, und tut sich bestimmt sehr weh dabei, weil ihn die Kette jedes Mal zurückreißt.

Herrchen spricht beruhigend auf ihn ein, doch es nützt nichts. Er geht ein paar Schritte auf den Hund zu, doch der wird nur noch wilder. Herrchen kramt in seiner Hosentasche und findet ein Stück Hundekuchen, das eigentlich für mich bestimmt war. Er wirft es dem Kettenhund zu und zum ersten Mal sehen wir ein leichtes Schwanzwedeln, während er gierig den Kuchen verschlingt.

»Ja mei«, sagt da plötzlich jemand hinter uns, »das schmeckt dem Harras aber.« Herrchen und ich drehen uns verblüfft um. Hinter uns steht die

Bäuerin. »Unser Hund ist eigentlich gar nicht so böse, wie er sich anhört. Er ärgert sich bloß, wenn er sieht, wie andere Hunde spazieren geführt werden und er muss den ganzen Tag an der Kette bleiben. Wir haben leider keine Zeit, mit ihm fortzugehen. Die viele Arbeit auf dem Feld, im Stall, im Garten und im Haus lässt das einfach nicht zu.«

Sie geht zur Hundehütte und löst die Kette vom Halsband. Sofort schießt Harras auf mich zu und begrüßt mich. Er ist eigentlich gar nicht so übel, denke ich, während wir uns beschnuppern.

Dann fordert Harras mich zum Spielen auf und los geht die Jagd durch den Garten. Harras freut sich riesig und schon sind wir auf der Wiese mit den Kirschbäumen. Es macht richtig Spaß, mit Harras zu balgen, da er genauso groß und stark

ist wie ich. Bei unserem wilden Geraufe haben wir keine Zeit, auf unsere Umgebung zu achten, und Herrchen muss ziemlich lange rufen, ehe ich ihn endlich bemerke: »Billy, jetzt ist es genug für heute, komm her!«
Da ich ein gut erzogener Riesenschnauzer bin, gehorche ich meinem Herrchen. Auch Harras trabt wieder zu seiner Hütte zurück, aber er schaut sehr traurig aus. Herrchen nimmt mich an die Leine, gibt der Bäuerin die Hand, winkt Harras zu und verabschiedet sich mit den Worten: »Bis morgen, Frau Häfele.«

Am Waldrand angelangt, erzählt mir Herrchen eine tolle Neuigkeit. »Vielleicht gehen wir morgen zu dritt spazieren, Billy. Die Bäuerin spricht heute Abend mit ihrem Mann, ob wir Harras ab und zu mitnehmen dürfen. Ich bin sicher, dass es klappt. Dann hast du einen Spielkameraden und ich muss nicht dauernd Stöckchen werfen, um dich zu beschäftigen.«
Über diese tolle Aussicht muss ich gleich wieder ein bisschen lachen. Ach, wenn es doch schon morgen wäre!

Die Nachtwanderung

Heute war es ganz schön gespenstisch, und das kam so:
Als es schon dunkel geworden ist, erscheint Herrchen mit seiner großen Stabtaschenlampe und dem gelben Anorak und sagt zu Frauchen: »Du, Elfi, lass uns doch einmal eine Nachtwanderung mit Billy machen. Das ist bestimmt aufregend, nachts im Wald spazieren zu gehen!«
»Lieber nicht«, entgegnet Frauchen, »ich fürchte mich nachts im dunklen Wald.«
»Sei kein Frosch, Elfi. Billy und ich beschützen dich doch«, lacht Herrchen, und ich belle begeistert und hüpfe an ihr hoch.
»Na gut, ihr Plagegeister«, gibt sie schließlich nach und schlüpft auch in ihren gelben Anorak. Dann steigen wir ins Auto und fahren los.
Bald sind wir am Stadtforst angelangt und Herr-

chen stellt das Auto auf dem Waldparkplatz ab. Mann, ist das finster, als die Scheinwerfer aus sind! Herrchen knipst die Taschenlampe an, während sich Frauchen bei ihm unterhakt. Wir gehen den Waldweg entlang in Richtung Spielplatz. »Ein bisschen unheimlich ist es schon«, flüstert Frauchen und schmiegt sich noch enger an Herrchen, während ich schnüffelnd voraustrabe.
Knacks … »Huch, was ist das, Kalle?«, erschrickt Frauchen.

»Das war bestimmt Billy, der auf einen trockenen Zweig getreten ist«, beruhigt Herrchen sie.
Wir marschieren immer tiefer in den Wald hinein. Herrchen funzelt mit seiner Taschenlampe herum – er leuchtet an die Bäume, auf den Weg, oder einfach in den Himmel.
Auf einmal schreit jemand: »Schuhuuu, schuhuu!« »Kalle, ein Geist!«, ruft Frauchen erschreckt. »Ich habe Angst!«
»Das war doch nur ein Waldkauz, Elfi«, beruhigt Herrchen sie.
Da es mir auf dem Weg zu langweilig ist, springe ich über den Graben und stöbere im Gebüsch am Wegrand nach interessanten Neuigkeiten.
»Billy, wo bist du?«, höre ich da auch schon Herrchen rufen, als er mich nicht gleich entdeckt. Er leuchtet mit der Taschenlampe die Umgebung ab, findet mich aber nicht, weil ich in einem Busch herumschnüffle. »Heh, Billy, wo steckst du? Ich kann dich nicht sehen! Komm sofort her!«
Ich strecke meinen Kopf aus dem Busch, da trifft mich voll der Lichtkegel der Taschenlampe.

»Hilfe, ein wildes Ungeheuer mit glühenden Augen!«, brüllt Herrchen.
»Mensch, Kalle, das ist doch unser Billy«, lacht Frauchen. »Du weißt doch, dass seine Augen nachts im Lichtschein funkeln, ähnlich wie bei einer Katze. Billy Backenzahn ist doch nun wirklich alles andere als ein garstiges Ungeheuer. Komm, lass uns zum Auto zurückgehen.«
Als Herrchen ziemlich kleinlaut kehrtmacht, muss ich schon wieder ein bisschen lachen. Ich glaube, Herrchen macht so schnell keine Nachtwanderung mehr.

Die Wette

Heute habe ich eine Wette gewonnen, und das kam so:

Viermal im Jahr muss ich zum Hundefriseur, weil mein Fell zu lang wird. Na ja, ich geb ja zu, dass ich nicht gerne zum Trimmen gehe, so nennt man das Haareschneiden bei Hunden. Heute war es wieder einmal so weit.

Herrchen sagt zu Frauchen: »Unser Billy hat wieder so eine Wolle, dass er aussieht wie ein schwarzes Schaf. Ich bin der Meinung, er muss zum Trimmen. Frau Steul wird aus dem Wuschelbär wieder einen hübschen Riesenschnauzer machen, mit dem man unter die Leute gehen kann!«

Bei dem Gedanken an den Hundefriseur muss ich doch ein klein bisschen zittern. Herrchen bemerkt das natürlich wieder sofort. »Na, du Feigling«, neckt er mich, »hast wohl schon deine

Fellhosen voll, bevor es überhaupt losgeht? Ich wette mit dir, dass du heute auch wieder nicht aufhören kannst beim Trimmen zu zittern. Wenn du es schaffst, lasse ich mir eine Glatze schneiden. Wenn nicht, darfst du vier Wochen lang kein Loch im Garten buddeln. Okay?«
Das ist eine ganz schön harte Wette, aber wenn ich mir vorstelle – mein Herrchen mit Glatze …

Als wir bei Frau Steul klingeln, beginnt sofort ein ohrenbetäubendes Gekläff. Sie hat drei

Zwergschnauzerdamen, die es gar nicht mögen, wenn andere Hunde ins Haus kommen. Frau Steul öffnet die Tür, begrüßt Herrchen und mich, während Dixi, Daisy und Dolly mich angiften. Das ist mir doch zu blöd! Ich zeige ihnen die Zähne und belle sie energisch an und schon sind die drei mit eingezogenen Stummelschwänzchen im Wohnzimmer verschwunden.

Herrchen ruft mich und wir gehen in den Haarschneideraum.

Als Herrchen mich hochhebt und auf den Tisch stellt, wird mir doch ein bisschen mulmig, denn die elektrische Haarschneidemaschine ziept ganz schön. Doch als ich Herrchens überhebliches Grinsen sehe und höre, wie er zu Frau Steul sagt:

»Unser großer Wachhund fängt bestimmt gleich wieder an zu bibbern und zu zittern«, werde ich plötzlich ganz tapfer und mutig. So viel Frau Steul auch mit der Schneidemaschine an mir rumschnippelt, am Kopf, am Rücken, am Bauch oder am Po, ich zittere nicht ein bisschen. Herrchens Gesicht wird immer länger, er hat schon längst aufgehört zu grinsen! Jetzt kommen Ohren und Pfoten dran. Sie werden mit der Schere behandelt. Ich reiße mich sehr zusammen, besonders bei den Vorderpfoten, weil ich die sonst immer wegziehe, wenn die Schere so gefährlich schnappt. Und nach zwanzig Minuten bin ich tatsächlich fertig.

»So, das wär's für heute, Billy Backenzahn«, sagt Frau Steul und gibt mir einen Klaps. Das Gesicht von Herrchen ist wirklich sehenswert. Aber er sagt keinen Ton und bezahlt schnell.

Auf dem Nachhauseweg ist er sehr kleinlaut. »Also, hör mal zu, Billy, wenn ich mit einer Glatze rumlaufe, lachen ja nicht nur die Leute, sondern bestimmt sogar die Hühner. Ich mach dir einen Vorschlag: ganz kurze Haare bei mir und zwei große Bockwürste für dich, einverstanden?«

Da kann ich natürlich nicht widerstehen, schließlich sind Würste für mich viel besser als eine

Glatze für Herrchen! Und bei der nächsten Metzgerei macht Herrchen sein Versprechen wahr. Während ich vor dem Laden auf ihn warte, muss ich schon wieder lachen, als ich durch die Scheibe sein erleichtertes Gesicht sehe.

Vaterstolz

Heute bin ich sehr stolz und glücklich, und das kam so:

Morgens, so gegen zehn Uhr, klingelt das Telefon. Herrchen geht ran und ich höre ihn sagen: »Toll, das ist ja wunderbar, wir kommen in einer Stunde! Da wird Billy aber staunen. Ja, natürlich kommt meine Frau auch mit. Also bis dann, tschüss!«

Neugierig schaue ich mein Herrchen an, aber der verrät gar nichts, nimmt nur Kamm und Bürste und striegelt mich, als ob es zu einer Hundeausstellung ginge.

Als er endlich damit fertig ist, holt er Frauchen und erklärt ihr, während wir ins Auto steigen: »Frau Möpsle hat angerufen und gesagt, dass wir gegen elf Uhr vorbeikommen und uns … na ja, du weißt schon, anschauen können.«

Wenn mein Herrchen nur nicht so geheimnisvoll

tun würde! Frauchen verrät auch nichts, sondern zwinkert mir nur zu. Ich weiß, dass Frau Möpsle eine Riesenschnauzerdame mit Namen Alfi hat, die meine Freundin ist und die ich sehr mag.
Wir fahren los und erreichen Markdorf nach zwanzig Minuten. Das Haus von Frau Möpsle ist mit einer dichten Hecke umgeben, sodass man nicht hineinsehen kann. Doch was höre ich da? Ein Quieken und Fiepsen, ein Jiffen und Maunzen. Hat Alfi Besuch von kleinen Katzen oder Äffchen?
Frau Möpsle öffnet das Gartentor und ich glaube, mich trifft der Schlag: Sechs kleine Billy Backenzähne kommen mir entgegen, während Alfi zufrieden in ihrem Korb auf der Terrasse liegt.
»Herzlichen Glückwunsch, Vater Billy Backenzahn!«, gratuliert mir Herrchen, während Frauchen mir liebevoll den Kopf krault. Ich bin sprachlos und nach einer Weile unheimlich stolz. Ich, Billy Backenzahn, bin Papa von drei Hundejungs und drei Hundemädchen geworden.
Wie munter die sind und mich stürmisch begrü-

ßen! Ich lege mich auf den Rasen und sofort krabbeln und turnen sie auf mir herum.

»Frau Möpsle, wie heißen denn die kleinen Racker?«, fragt Herrchen. »Also, der da ist Batzi, das Bulli, die rechts heißt Bini, das hier ist Brina, daneben ist Banni und der kleine, der dicke ist Billy II.«

Ich bin ganz gerührt. Frau Möpsle fährt fort: »Sie sind alle quicklebendig und kerngesund. Aber etwas finde ich eigenartig, manchmal habe ich das Gefühl, dass sie alle lachen können!«

»Das haben sie von ihrem Vater, Billy Backenzahn, geerbt«, erklärt Herrchen stolz und lacht vergnügt.
Als Frauchen und Frau Möpsle auch noch anfangen zu lachen, kann ich nicht mehr anders, ich lache kräftig mit. Batzi, Bulli, Bini, Brina, Banni und Billy II verziehen ihre kleinen Mäulchen und es sieht tatsächlich aus, als würden sie alle auch lachen!
Wenn ihr demnächst irgendwo einem Riesenschnauzer begegnet, der euch anlacht, dann ist es entweder Batzi oder Bulli oder Bini oder Brina oder Banni oder Billy II.
Vielleicht ist es aber auch …
euer Billy Backenzahn.

Billy Backenzahn ist spitze!
Weitere Geschichten vom großen Wachhund, der immer lachte

Für Michael und Mehmed

JNHALT

Die Angelpartie

Heute haben Herrchen, Frauchen und ich etwas Komisches geangelt, und das kam so:

Aufgeregt kommt Herrchen am frühen Nachmittag ins Haus gestürmt: »Elfi, Billy, seht mal, was ich in unserem Schuppen gefunden habe – die alte Angel von Onkel Friedhelm. Los, macht euch fertig, wir gehen an den Brummelsee und ich fange uns einen großen Fisch für das Abendbrot!«

Frauchen holt zwei Klappstühle, bindet mir mein gelbes Halsband um und los geht's.

Bald sind wir an unserem Ziel angelangt. Herrchen kann es kaum erwarten, seine Angel auszuwerfen. Er setzt sich auf das kleine Klappstühlchen und ermahnt Frauchen und mich: »Seid bitte nicht so laut und bewegt euch nicht dauernd, ihr verjagt mir sonst die Fische.«

Frauchen setzt sich auf den anderen Klappstuhl und beginnt zu lesen, während ich ein wenig an den Bäumen schnüffle.

Die Zeit vergeht – eine halbe Stunde, eine Dreiviertelstunde, eine Stunde. Da dreht Herrchen sich um und flüstert: »Ich kann nicht verstehen, warum heute kein Fisch anbeißt. Da habe ich so einen dicken Wurm an der Angel …« Und stöhnend fügt er hinzu: »Mein Rücken tut mir schon weh vom Stillsitzen. Wenn ich bloß einen gemütlichen Sessel hätte!«

Nach weiteren zehn Minuten springt Herrchen plötzlich auf und ruft aufgeregt: »Da ist etwas an der Angel, ich hab was gefangen!« Und er zieht und zieht, aber die Angelschnur bewegt sich nicht. »Das muss ein ganz großer Fisch sein, vielleicht sogar ein Hecht!«, sagt Herrchen erfreut. »Elfi, hilf mir mal beim Ziehen.«

Frauchen packt Herrchen am Gürtel und zieht kräftig mit. Aber es nützt nichts. »Billy, komm her und hilf uns«, ruft Herrchen. Frauchen fasst mit ihrer anderen Hand mein Halsband und so ziehen wir mit vereinten Kräften – hau ruck, hau ruck! Plötzlich – pardautz! Bums! – liegen wir alle auf dem Rücken.

Als wir uns wieder hochrappeln, sehen wir, was Herrchen gefangen hat: einen alten Korbsessel! »Einen Hecht habe ich mir eigentlich anders vorgestellt«, sagt Frauchen und lacht. »Aber nun hast du ja endlich einen gemütlichen Sitz zum Angeln!« Sie stellt den nassen Sessel Herrchen vor die Füße.

Der lächelt etwas verlegen, während Frauchen mir zuzwinkert: »Billy und ich gehen schon mal nach Hause und machen die Bockwürstchen warm, falls du doch keinen Hecht fängst.«
»Hmm, Bockwürste schmecken fast so gut wie Hechtklößchen«, meint Herrchen und packt seine Angelsachen zusammen. »Morgen fange ich bestimmt einen riesengroßen Fisch, da brauchst du nichts zum Essen vorbereiten, Elfi«, sagt er hoffnungsvoll.
Als ich das höre, muss ich schon wieder ein bisschen lachen.

Benni und Wolfgang

Heute habe ich einem Freund geholfen, und das kam so:
Nach dem Mittagessen nimmt Herrchen Halsband und Leine vom Haken und sagt zu mir: »Billy, ich will mir die neueste Sportzeitung an Oma Krämers Zeitungsbude kaufen. Während ich dann im Park lese, kannst du ja ein bisschen auf der nahe gelegenen Wiese herumtollen.«
Gesagt – getan. Herrchen kauft sich seine Zeitung und geht mit mir in den Stadtpark. Hier gibt es viele Blumen, Büsche, große Bäume und einen tollen Sandkasten, in dem oft Kinder buddeln oder Sandkuchen backen.
Heute entdecke ich nur den kleinen Benni dort, der mein Freund ist. Allein sitzt er im Sand und gräbt ein Loch mit seiner roten Schaufel.
Herrchen hat sich auf eine Parkbank gesetzt und

beginnt seine Zeitung zu lesen, während ich zu Benni laufe, um ihn zu begrüßen.

Da ertönt hinter mir eine laute Stimme: »Na, Benni, du Flasche, hast wohl nur Pudding in deinen Armen? Wenn man dir so beim Buddeln zusieht, schläft man ja ein.« Es ist der dicke Wolfgang, der sich zu uns gesellt hat. Wolfgang gibt immer furchtbar an, obwohl er bloß ein halbes Jahr älter als Benni ist und nur vier Zentimeter größer.

Benni lässt sich von Wolfgang nicht ärgern, sondern erwidert ganz ruhig: »Du, Wolfgang, ich wette mit dir, dass ich ohne Schaufel schneller ein tieferes Loch graben kann als du mit der Schaufel. Wollen wir's probieren? Dann wird sich ja zeigen, wer hier mehr Pudding in den Armen hat.«

»Klar doch, Kleiner«, antwortet Wolfgang großspurig. Er nimmt die Schaufel, dreht sich um und zählt: »Eins, zwei, drei, auf die Plätze, fertig – los!«

Wild fängt er mit der Schaufel an zu buddeln. Aber Benni beginnt nicht zu graben, sondern zwinkert mir nur zu. Da kapiere ich. Wie ein geölter Blitz fange ich mit meinen Vorderpfoten an zu graben, der Sand fliegt nur so durch die Gegend.

Da ich doch Weltmeister im Mauselochbuddeln bin, macht es mir richtig Spaß, meinem Freund Benni zu helfen. Endlich schimpft einmal niemand, wenn ich mit Sand und Dreck spritze und ein schönes, großes, tiefes Loch mache.
»Fertig!«, ruft Benni vergnügt, als mein Loch tief genug ist.

»Das gibt's doch nicht«, keucht Wolfgang. Dicke Schweißperlen stehen auf seiner Stirn. Wütend und enttäuscht über seine Niederlage pfeffert er die Schaufel in den Sand.

»Na, wer hat denn nun Pudding in den Armen, Wolfgang?«, neckt Benni und krault mich als Dankeschön zwischen den Ohren.

Als ich Wolfgangs belämmertes Gesicht sehe, muss ich schon wieder ein bisschen lachen. So schnell wird der mit Benni nicht wieder wetten.

Die Denkmalsenthüllung

Heute wurde ich für die Zeitung fotografiert, und das kam so:

Nach unserem Morgenspaziergang sagt Herrchen zu Frauchen: »Elfi, lass uns doch zur Denkmalsenthüllung in die Stadt gehen. Ich bin neugierig, was für ein Kunstwerk der Herr Bürgermeister und seine Stadträte für die Fußgängerzone gekauft haben. Wie man sich erzählt, soll es eine ziemlich moderne Plastik sein.«

Frauchen nimmt mir das Halsband gar nicht erst ab und sagt: »Na gut, aber Billy darf uns begleiten. Der war beim Spaziergang so brav, dass er ruhig mit uns in die Stadt gehen kann.«

Frauchen ist toll, immer denkt sie an mich. Ich habe das beste Frauchen der Welt, denke ich zufrieden, während wir in Richtung Stadtmitte gehen. Leider muss ich an der Leine laufen, da

noch mehr Leute zur Denkmalsenthüllung wollen.
Herrchen und Frauchen grüßen Bekannte, die sie unterwegs treffen, während mich die Kinder streicheln oder mit »Hallo, Billy Backenzahn« hinter den Ohren kraulen. Das habe ich besonders gerne.
Das Menschengewimmel wird immer dichter. »Das Interesse ist aber sehr groß, was, Elfi?«, bemerkt Herrchen, während Frauchen gerade

Frau Kähling begrüßt. »Sag mal, Elfi, wie soll denn die Plastik heißen?«, fragt er dann und schiebt sich an einem großen Mann mit Baskenmütze vorbei.
»Ich glaube, ›Die Freunde‹ – oder so ähnlich«, antwortet Frauchen.
»Autsch, das war mein Fuß«, höre ich da Herrchen stöhnen, »lass uns hier bleiben, Elfi, das Gedränge ist ja nicht zum Aushalten. Pass gut auf Billy auf, damit er keinen Quatsch macht bei diesem Gewühl.« Dann wendet er sich einem alten Bekannten zu, den er offensichtlich lange nicht gesehen hat.
Frauchen beugt sich zu mir herunter, macht die Leine los und flüstert mir ins Ohr: »Es ist bestimmt langweilig für dich, Billy, der Rede des Herrn Bürgermeisters zuzuhören. Außerdem will die Blasmusik des Trachtenvereins noch ein Ständchen bringen. Du kannst ein bisschen rumschnüffeln, wenn du Lust hast, aber lauf nicht so weit weg, damit wir uns nicht verlieren.«
Erfreut mache ich mich auf den Weg, erst zu dem

Laternenpfahl, zur Litfaßsäule und danach an die Häuserecke von Frau Geigers Gemüseladen.
Doch was entdecke ich da? Will sich doch gerade so ein dicker gelber Kater mit frechem Grinsen um die Ecke drücken. Na warte, Freundchen, du kommst mir gerade recht!
Mit einem mächtigen Satz stürze ich auf ihn los.

Doch der Dickmops ist flinker als ich erwartet habe. Flugs ist er zwischen den vielen Menschenbeinen verschwunden. Ich hinterher. Immer dichter wird das Gedränge und immer schwieriger die Verfolgung. Fast habe ich den Kater am Schwanz, doch mit einem Satz springt er unter einen weißen Vorhang – ich sofort hinterdrein.
»Ruhe! Ruhe! Seien Sie doch still, der Herr Bürgermeister will seine Rede halten!«, höre ich einige Leute rufen.
Verdattert schaue ich mich um. Lauter Stangen und Klötze, und dicht neben mir sitzt der fette Kater. Der grinst gar nicht mehr so frech. Mir ist auch ein bisschen unheimlich. Wo bin ich nur? Und nirgends ist ein Ausgang zu entdecken. Was mache ich jetzt?
Da höre ich, wie gerade der Herr Bürgermeister sagt: »… und deshalb enthülle ich nun das Denkmal mit dem Namen ›Die Freundschaft‹.« Ein Rascheln und Flattern beginnt, mir wird immer ungemütlicher, dem Kater auch, und plötzlich springt er direkt auf meinen Kopf.

Um uns herum wird es plötzlich hell. Unzählige Menschen stehen da und starren uns an, erst staunend, dann lachend. Wir sind mitten auf dem Denkmal gelandet.
»Das ist wirklich gut getroffen!« und »Ein tolles Kunstwerk« rufen manche, andere klatschen sogar Beifall und der Zeitungsfotograf, Herr Drossel, macht ein Bild von uns.
Das finde ich so riesig, dass ich vor Stolz ein bisschen lachen muss. Ich glaube, der Kater auf meinem Kopf grinst auch.

Ein besonderes Geschenk

Heute habe ich Herrchen toll unterstützt, und das kam so:

Sehr früh am Morgen, die Sonne ist noch gar nicht richtig aufgegangen, kommt mein Frauchen vorsichtig die Treppe heruntergeschlichen.

»Sei leise, Billy Backenzahn, weck Herrchen nicht auf, er hat nämlich heute Geburtstag und ich will den Tisch besonders schön decken.«

Sie holt zwei Päckchen aus dem Schrank, schneidet im Garten eine Sonnenblume ab und stellt sie in einer Vase auf den Frühstückstisch. Gerade rechtzeitig, denn da kommt auch schon mein Herrchen gut gelaunt die Treppe herunter.

»Herzlichen Glückwunsch, Kalle, alles Gute zum Geburtstag«, gratuliert Frauchen und gibt Herrchen einen dicken Kuss.

»Mensch, ist der Tisch aber schön gedeckt, die

tolle Blume und zwei Geschenke, das ist aber lieb von dir, Elfi, vielen Dank!« Herrchen setzt sich und beginnt sofort die Pakete auszupacken. Gespannt schaue ich ihm zu, was da wohl drin ist? Vorsichtig öffnet Herrchen die erste Schachtel und zum Vorschein kommen gelbe Joggingschuhe.

»Ich hab mir gedacht, die passen gut zu deinem Trainingsanzug, Kalle«, erklärt Frauchen, während Herrchen sein zweites Geschenk auspackt. Es ist ein Buch. *»Zweiundzwanzig Blitzdiäten – Der richtige Weg zum schnellen Abnehmen – Von Marianne Speck-Laubinger«,* liest Herrchen und lächelt etwas gequält. Frauchen holt inzwischen den Kaffee aus der Küche.

»Eigentlich hatte ich mir ja einen Holsteiner Katenschinken und eine Nudelmaschine gewünscht, Billy«, erklärt mir Herrchen. »Na ja, da soll ich wohl wieder einmal abnehmen«, und schiebt sich schnell eine Scheibe Jagdwurst in den Mund.

»Und was bekomme ich von dir zum Geburtstag, Billy Backenzahn?«, fragt er nun mich. »Ein braver Hund hat doch bestimmt auch ein Geschenk für sein Herrchen.«

Was die Menschen sich immer vorstellen. Als ob wir Hunde in einen Fleischerladen gehen könnten und für unser Herrchen, das gerade Geburtstag hat, mal eben zwei Bockwürste kaufen könnten.

Nachdenklich trotte ich in den Garten, während Herrchen sich ein knuspriges Brötchen dick mit Leberwurst bestreicht. Angestrengt überlege ich, womit ich ihm eine Freude machen könnte. Etwas zum Essen hat er sich gewünscht – doch was könnte ich ihm da schenken? Einen Apfel, der vom Baum gefallen ist? Nee, den kann er sich selber holen. Hundekuchen mag er nicht … Ich hab's! Letzte Woche habe ich doch einen leckeren Kalbsknochen beim Rosenbeet vergraben. Den bekommt er!

Gesagt, getan! Der Dreck fliegt nach allen Seiten, einige Rosen knicken um und endlich stoße ich auf den Knochen. Da wird sich Herrchen aber freuen!

Mit stolzgeschwellter Brust und dreckigen Pfoten trabe ich ins Haus zurück und lege den Knochen neben Herrchen auf den Boden.

»Billy, du Ferkel! Bist du von allen guten Geistern verlassen!«, schimpft Frauchen. »Gestern erst habe ich den ganzen Teppichboden gesaugt und nun machst du alles wieder schmutzig. Und was soll dieser alte vergammelte Knochen? Pfui Spinne, trag ihn sofort wieder raus!«

Aber Herrchen streichelt liebevoll meinen Kopf und sagt zu Frauchen: »Elfi, das ist Billys Geburtstagsgeschenk – was Leckeres zum Essen. Er bringt mir seinen Lieblingsknochen! Billy will nämlich nicht, dass ich durch Jogging und Diäten verhungere. Ich bin gerührt, vielen Dank, lieber Billy Backenzahn.«

Da kapiert Frauchen. »Ihr seid mir zwei Schlingel! Bloß weil ich keinen Katenschinken gekauft habe, verhungert man noch lange nicht. Also, meinetwegen, dann hole ich für heute Mittag noch zwei Kalbskoteletts und wir fangen mit der Blitzdiät eben erst morgen an.«
Als ich Herrchens zufriedenes Gesicht sehe und an die beiden Kotelett-Knochen denke, die vom Mittagessen für mich abfallen werden, muss ich schon wieder ein bisschen lachen.

Herrchen weiß alles besser

Heute erlebte Herrchen eine böse Überraschung, und das kam so: Oft bekomme ich Besuch von Kindern, die keinen Hund haben und mit mir spielen möchten – zum Beispiel der Philipp, die Katrin und der kleine Jakob. Herrchen mault manchmal, weil wir dann im Garten rumtoben und so viel Lärm machen. Aber heute war es anders.

»Elfi, bei dem prächtigen Wetter können wir doch eine kleine Wanderung mit den Kindern und Billy machen«, schlägt Herrchen vor.

Alle sind begeistert und so marschieren wir los. Bald treffen wir Bauer Knöpfle, der gerade sein Feld bestellt.

»Grüß Gott, Herr Knöpfle, was säen wir denn dieses Jahr?«, fragt Herrchen.

»Roggen und Gerste«, antwortet der Bauer

freundlich, »das bringt einen besonders guten Ertrag.«

»Falsch, ganz falsch, lieber Herr Knöpfle, Mais sollten Sie pflanzen, Mais ist ganz groß im Kommen«, meint Herrchen wichtigtuerisch, während Frauchen ihn am Ärmel weiterzieht.

Wir kommen an einen Schrebergarten. »Guten Tag, Herr Mausel. Hab ich Ihnen schon gesagt, dass Ihre Rosen falsch beschnitten sind?«, fängt Herrchen an den Hobbygärtner zu belehren.

Herr Mausel schaut auf, grüßt nur kurz und wendet sich wieder dem Unkraut zu, das er gerade herauszupft.
»Kalle, misch dich nicht überall ein. Merkst du nicht, dass Bauer Knöpfle und Herr Mausel deine Belehrungen gar nicht gut finden?«, sagt Frauchen und Herrchen geht schmollend weiter.
Die Kinder laufen mit mir um die Wette. Es macht Spaß, mit Philipp, Katrin und Jakob herumzutollen. Wir begegnen einem Wanderer mit einem großen Rucksack. »Guten Tag, die Herrschaften, wo geht's denn hier zur Ruine Knurpsenstein?«, will dieser von Herrchen und Frauchen wissen.
»Also erst mal geradeaus, dann bei der nächsten Weggabelung links bis zur Kirche und am Gasthaus ›Goldener Ochse‹ rechts, da sehen Sie schon den Wegweiser zur Ruine«, erklärt Frauchen hilfsbereit.
Herrchen betrachtet inzwischen den Wanderer. »Sagen Sie mal, junger Mann – also mit *den* Schuhen würde ich aber nicht wandern, die sind vollkommen ungeeignet. Bergstiefel müssen Sie

anziehen, das ist das einzig Richtige«, belehrt Herrchen ihn.

Der junge Mann bedankt sich höflich bei Frauchen und tut so, als hätte er Herrchens Bemerkung gar nicht gehört. Mit einem freundlichen »Auf Wiedersehen« geht er weiter.

Aber Herrchen hat schon wieder eine Idee. Diesmal sind wir dran: »Elfi, Kinder, Billy, alle mal herkommen! Ich will euch etwas zeigen.« Herrchen bückt sich und reißt eine schöne blaue Blume ab. »Also dies ist eine Lupine«, erklärt er mit erhobenem Zeigefinger. »Sie ist besonders groß für ihre Art, allerdings riecht sie nicht

besonders.« Mit diesen Worten steckt er seine Nase in die Blüte, um daran zu riechen. Aber gleich darauf wirft er die Blume mit ohrenbetäubendem Geheul und in hohem Bogen weg. Ich sehe gerade noch, wie eine Biene um Herrchens Nase herumsummt, dann ist sie weg.
Er hüpft auf einem Bein im Kreis herum und reibt sich die Nase, die immer dicker wird. Es sieht aus, als bekäme er eine große rote Tomate mitten im Gesicht.

»Das hast du nun davon, Kalle. Überall musst du deine Nase reinstecken! Beim Bauern Knöpfle, beim Hobbygärtner Mausel, bei dem jungen Wanderer und nun noch in die schöne Blume. Außerdem finde ich es nicht gut, Blumen, die am Weg stehen, abzureißen. Andere Spaziergänger wollen sich auch noch daran freuen. Und Bienen haben es nun mal nicht so gerne, wenn man sie bei der Arbeit stört!«
Frauchen schimpft ihn richtig aus und Herrchen wird recht kleinlaut. »Vielleicht hast du Recht, Elfi. Lasst uns umkehren. Zu Hause kann ich dann auch meine geschwollene Nase etwas kühlen.«
Mir tut Herrchen Leid, mit seiner Knollen-Tomaten-Glühnase! Deshalb habe ich auch gar nicht über ihn gelacht.

Schmolle Schmalzle

Heute ist Herrchen unter die Komponisten gegangen, und das kam so:
Seit Wochen geht es bei uns ziemlich laut zu. Schon morgens beim Frühstück schaltet Frauchen den Plattenspieler ein und legt eine Schallplatte von Schmolle Schmalzle, dem bekannten Schlagersänger, auf. Sie singt und trällert jeden Schlager mit, sie kann schon alle auswendig.
Herrchen wird es oft zu viel: »Was du bloß an diesem Schnulzenbubi mit seinem Lockenkopf findest«, muffelt er und streicht sich verstohlen über seine wenigen Haare. »Ich finde diesen Schlagerheini albern, und erst seine Texte – und musikalisch ist er auch nicht.«
»Du bist ja bloß neidisch«, erwidert Frauchen schnippisch und dreht den Plattenspieler noch lauter.

»Guck, guck, ich hab ein Vögelchen gesehen, das war wunderschön, genau so schön wie duuuu – schnurredibuuu, schnurredibuuu …«,
ertönt es aus dem Lautsprecher.

»Das ist ja nicht zum Aushalten«, stöhnt Herrchen und steckt sich die Finger in die Ohren.

Ich muss ja ehrlich zugeben, mir gefällt die Musik auch nicht sehr gut, und etwas leiser wäre auch schöner, dann könnte ich nämlich noch ein bisschen auf meinem Platz unter der Treppe dösen.

Aber mein Frauchen findet Schmolle Schmalzle toll. *»Schnurredibuuu, schnurredibuuu* … ist er nicht himmlisch, Kalle?«, seufzt sie und trägt das Tablett mit dem Frühstücksgeschirr in die Küche.
»Also Billy, wenn das so weitergeht, dann verliert Frauchen bald den Verstand vor lauter Schmolle Schmalzle. Wir müssen uns etwas einfallen lassen«, erklärt mir Herrchen und verschwindet in seinem Arbeitszimmer.
Den ganzen Vormittag sieht und hört man nichts von ihm. Im Wohnzimmer läuft ununterbrochen der Plattenspieler weiter: *»Schnurredibuuu, schnurredibuuu, so schön wie duuuu* …«
Gegen Mittag kommt Herrchen mit einem großen Zettel aus seinem Zimmer. Er stellt ein kleines Tischchen mitten ins Wohnzimmer, holt aus der Küche einige Töpfe, drei leere Limoflaschen und zwei Kochlöffel. Alles baut er ohne ein Wort zu sagen auf, räuspert sich, zieht so gut es geht seinen Bauch ein und fragt Frauchen: »Elfi, kannst du bitte für einen Moment den Plattenspieler ausmachen? Ich will dir beweisen, dass

ich mindestens so gut singen kann wie dieser Schmolle Schmalzle.«

Er schaut noch einmal auf seinen Zettel, nimmt die Kochlöffel in die Hand und beginnt auf die Töpfe und an die Flaschen zu hauen: bumm – bing – peng – bing und dann legt Herrchen los:

»Ich kenn ein süßes, kleines Mädel,
hat blonde Haare auf dem Schädel,
im Gesicht 'nen roten Mund,
und 'nen großen schwarzen Hund.
Wenn sie lacht, wackelt das Haus,
das ist meine kleine Elfimaus.
Zappeldiii, zappeldiii –

Elfi, ich vergess dich nie –
zappeldiii, zappeldiii!«

Herrchen singt so laut und falsch, dass ich einfach nicht anders kann und ihm helfen muss. Ich heule so herzerweichend, dass Frauchen ganz gerührt lächelt und uns beide streichelt – Herrchen über seine schütteren Haare und mich zwischen den Ohren.

Wenn ich euch beide so schön singen höre, muss ich mir wirklich überlegen, ob mir Schmolle Schmalzle besser gefällt. Er hat zwar mehr Haare als du, Kalle, aber nicht so einen phantastischen Begleitsänger!« Damit meint sie mich!

Darüber bin ich so stolz, dass ich schon wieder ein bisschen lachen muss. Und Frauchen hört sich die Schlager von Schmolle Schmalzle jetzt nur noch über Kopfhörer an.

In der Schule

Heute bin ich in eine Menschenschule gegangen, und das kam so:
Kurz vor neun Uhr klingelt es an unserer Haustür. Als Herrchen aufmacht, steht Susi, unser Nachbarskind, vor der Tür und sagt mit zaghafter Stimme: »Heute wollen wir in der Schule über Hunde sprechen und der Lehrer hat gesagt, dass jeder einen mitbringen dürfe. Da ich doch keinen Hund habe, dachte ich, ob vielleicht Billy mich begleiten könnte?«
Herrchen erwidert lachend: »Natürlich darf Billy mit. Ich fahre euch zur Schule und hole Billy nach einer Stunde wieder ab. Nur gut, dass ihr keine Elefanten oder Giraffen im Unterricht besprecht, das wäre etwas problematisch.«
Susi ist ganz selig, als sie zu mir auf die Rückbank im Auto krabbelt.

Bald sind wir bei der Schule angelangt. Herrchen ermahnt mich nochmals, ja nicht so viel Quatsch zu machen.
Herr Knorps, der Lehrer der ersten Klasse, steht am Eingang und sagt mit bedeutungsvoller Miene: »Kinder, seid schön brav und macht nicht so viel Krach, davon werden die Hunde nur nervös.«
Neugierig schaue ich mich um und entdecke einen Rauhaardackel, einen Spitz, einen Dalmatiner und einen Mischlingshund mit Ringelschwanz. Dann geht's ins Klassenzimmer und wir Hunde machen brav Platz neben dem Kind, das uns mitgebracht hat. Nur der Mischlingshund, der Max heißt, knurrt mich dauernd an. Was soll das? Was will der von mir? Ich knurre zurück.
Da fangen der Dackel, der Dalmatiner und der Spitz an zu bellen. Das lasse ich mir nicht gefallen, ebenso wenig wie Max. Ein ohrenbetäubendes Gebell erfüllt das Klassenzimmer. Die Kinder schreien dazwischen, manche halten sich die Ohren zu. Herr Knorps rennt zwischen den Bankreihen auf und ab und versucht alle zu beruhigen.

Schließlich ruft er ganz laut: »So geht das aber wirklich nicht! Lasst uns mit den Hunden auf den Schulhof gehen. Dann halten wir den Anschauungsunterricht eben im Freien ab.«
Das finde ich prima und die Kinder auch. Da die Sonne scheint, macht ihnen das Lernen gleich viel mehr Spaß. Wir Hunde haben auch gar nicht mehr gebellt, nur ab und zu ein bisschen rumgeschnüffelt.

Nur Herr Knorps hat, glaube ich, einen Schrecken bekommen von all dem Lärm. Denn am Ende der Schulstunde sagt er zu den Kindern: »Beim nächsten Anschauungsunterricht dürft ihr nur Meerschweinchen, Zwerghasen und Goldhamster mitbringen, die machen wenigstens nicht so einen Höllenlärm!«

Susi lacht mich an und ich lache zurück. Uns beiden hat die Schulstunde heute trotzdem sehr gut gefallen.

Der grüne Himmel

Heute war Herrchen gut gelaunt, dann verärgert und schließlich wieder gut gelaunt, und das kam so:

Die Sonne scheint wunderschön und auf einmal kommt Herrchen mit einem großen Zeichenblock, einem Tuschkasten, Pinseln, Lappen und Wasserglas aus seinem Arbeitszimmer. »Elfi, ich will bei dem herrlichen Wetter ein bisschen am Fluss malen. Im Wohnzimmer ist an der Wand noch Platz für ein schönes Landschaftsbild. Kommst du mit Billy und mir mit?«, fragt er Frauchen gut gelaunt.

»Ach, lasst mich mal zu Hause, ich will meinen Rock noch ändern, dazu bin ich die ganze Woche nicht gekommen«, entgegnet Frauchen und verschwindet im Nähzimmer.

Herrchen holt sein Fahrrad aus dem alten Schuppen und los geht's.

Lustig pfeifend radelt er gemütlich vor sich hin, sodass ich nicht zu schnell rennen muss. Nach zwanzig Minuten hält er an einer Flussbiegung an. »Das ist ein hübsches Fleckchen Erde, Billy, hier bleiben wir, das will ich malen.«
Er holt sich Wasser aus der Enz, so heißt der Fluss, packt Farben und Pinsel aus, setzt sich auf einen Baumstumpf und beginnt. Ich schnüffle ein bisschen an den Weiden herum, die am Wasser stehen, und lege mich dann in den Schatten eines Busches, um noch ein kleines Schläfchen zu machen.

Ich muss wohl eingedöst sein, denn plötzlich wache ich von lauten Stimmen auf. Herrchen steht mit hochrotem Kopf vor seinem Bild und diskutiert mit zwei Radfahrern, die stehen geblieben sind und auf ihn einreden. Ich höre etwas von »… das kann Ihnen doch egal sein, ob ich den Himmel grün male …« und »… das ist meine künstlerische Freiheit …«, während die Frau zu ihrem Mann sagt: »Komm, Eddi, lass uns weiterfahren; das ist wohl wieder so ein verrückter moderner Maler, den kein Mensch versteht.«
»Du hast Recht, Clärchen«, antwortet der Mann, »einen grünen Himmel – wo gibt's denn so was!«
Als ich die erregten roten Gesichter sehe, muss ich einfach ein bisschen lachen. Das sieht die Frau. »Guck mal, Eddi, ein Hund, der lachen kann! Das wäre doch ein Motiv für ein schönes Bild!« Dann radelt sie davon und der Mann folgt ihr.
»Doofe Kunstbanausen«, brummt Herrchen und legt das fast fertige Landschaftsbild ins Gras. Er kratzt sich am Kopf und murmelt: »Ich könnt's ja mal probieren.« Damit beginnt er ein neues Bild.

Ich mache meine Augen zu. Nachdem hier wieder Frieden herrscht, kann ich ja ruhig noch ein bisschen dösen.

Nach einer Weile werde ich erneut geweckt.

»Guck mal, Clärchen, das ist wirklich ein gelungenes Bild! Wie gut der Ausdruck getroffen ist, und die schönen Farben!«

»Ja, du hast Recht, Eddi, und den grünen Hintergrund finde ich ganz toll. Was soll denn das Kunstwerk kosten, Meister?«, fragt die Frau mein Herrchen.

Es sind die beiden Radfahrer von vorhin, die wohl wieder heimwärts radeln. Herrchen steht mit rotem Kopf, aber diesmal vor Freude, neben einem Bild von – aber das bin ja ich!

»Ach, wenn Ihnen das Hundeporträt so gefällt, dann schenke ich es Ihnen, es kostet nichts.«

»Das können wir nicht annehmen, nicht wahr, Eddi? Wir sollten dem Künstler etwas dafür geben.«

Herrchen wird ganz verlegen vor Stolz und Freude über die vielen anerkennenden Bemerkungen.

Der Mann holt von seinem Gepäckständer einen riesengroßen, bunten Feldblumenstrauß und überreicht diesen Herrchen. »Als kleines Dankeschön für das wunderschöne Bild und nochmals herzlichen Dank. Wir werden das Kunstwerk in unserem Wohnzimmer aufhängen.«

Dann steigen die beiden auf ihre Fahrräder und radeln winkend davon, während mein Herrchen den Strauß zufrieden begutachtet: »Da wird sich Frauchen aber freuen, Billy Backenzahn, wenn wir ihr den überreichen!«
Er packt seine Malsachen ein. Als ich das Bild mit dem grünen Himmel und einem roten Fluss sehe, muss ich schon wieder ein bisschen lachen. Zum Glück hat Herrchen das aber nicht bemerkt.

Herrchen Kalle kocht

Heute habe ich festgestellt, dass nicht alles gut schmeckt, was gut riecht, und das kam so:
Am Nachmittag kommt Herrchen aufgeregt aus seinem Arbeitszimmer gerannt und ruft: »Elfi, es ist ja schon fast fünf Uhr, ich muss sofort mit dem Kochen beginnen. Um sieben kommen unsere Gäste!«
»Nun mal langsam, Kalle, du hast noch genügend Zeit für deine Spaghetti und die Tomatensoße. Außerdem helfe ich dir dabei.«
Aber Herrchen hört gar nicht zu. Wie ein aufgescheuchtes Huhn rennt er in die Küche. Man hört es rumoren und klappern, scheppern und klirren.
»Elfi, wo ist denn der große Topf für die Spaghetti, ich kann ihn nirgends finden!« Mein Herrchen erscheint in der Küchentür mit einer großen weißen Schürze über seinem dicken

Bauch und einer richtigen Kochmütze auf dem Kopf. Das sieht vielleicht lustig aus!

»Aber Kalle, der große Topf steht doch in der Speisekammer auf dem Regal hinten links«, antwortet Frauchen und Herrchen verschwindet wieder in der Küche.
Frauchen deckt den Tisch: zuerst eine rotweiß karierte Tischdecke, dann Teller und Gläser und zum Schluss das Besteck und die Servietten.
»Elfi, wo sind denn die Spaghetti?«, tönt es da schon wieder aufgeregt aus der Küche.
»Du, Kalle, es ist erst halb sechs! Die Spaghetti solltest du erst ins kochende Wasser werfen, wenn die Gäste kommen. Die Nudeln sind in zehn Minuten gar. Bereite lieber die Tomatensoße vor und lass sie schön köcheln, dann schmeckt sie besonders gut«, beruhigt Frauchen mein nervöses Herrchen.
Warum muss er auch immer so hektisch sein, wenn nicht alles gleich so funktioniert, wie er sich das vorstellt, denke ich mir und schaue neugierig in die Küche. Mein Herrchen öffnet gerade Dosen mit geschälten Tomaten, dann holt er Hackfleisch aus dem Kühlschrank, einige Knoblauchzehen

aus der Speisekammer und Frauchen erhitzt unterdessen etwas Olivenöl in einem Topf.
Das Hackfleisch riecht so köstlich, dass mir das Wasser im Mund zusammenläuft und ich mir genießerisch die Lefzen lecke. Doch mein Herrchen hat jetzt kein Auge für mich. Mit hochrotem Kopf, genauso rot wie die geschälten Tomaten, würzt er das Hackfleisch mit Oregano, Salz und zum Schluss mit Pfeffer. Der Pfeffer kitzelt meine empfindliche Nase, es juckt und kribbelt und ich muss fürchterlich niesen. Herrchen erschrickt davon so sehr, dass er das Hackfleisch direkt vor meiner Nase auf den Küchenboden fallen lässt.
So was lass ich mir natürlich nicht entgehen – einmal kräftig »happ« und das Hackfleisch ist verschwunden. Brrrr – ist das scharf! Mein Hals brennt wie Feuer! Ich muss nach Luft schnappen, während mein Herrchen losbrüllt: »Billy Backenzahn! Bist du von allen guten Geistern verlassen? Womit soll ich denn nun meine Spaghettisoße machen? Ich blamiere mich ja vor unseren Gästen bis auf die Knochen!«

Da wird es Frauchen zu dumm: »Ich glaube, ihr zwei Störenfriede verschwindet jetzt mal ganz fix aus der Küche! Ich habe im Kühlschrank noch ein großes Stück Fleischwurst, das schneide ich in kleine Würfel; mit etwas Speck und einer klein geschnittenen Zwiebel, den Tomaten und Gewürzen wird daraus auch noch eine passable Spaghettisoße. – Kalle, hol lieber den Rotwein aus dem Keller, damit er die richtige Temperatur hat, wenn unsere Freunde kommen, und lass besser mich das Essen zubereiten!«
Herrchen holt eine große Chiantiweinflasche aus dem Keller und stellt sie auf den Tisch.

Ich habe so einen komischen Geschmack von dem gewürzten Hackfleisch im Mund und außerdem so einen großen Durst, dass ich schnell zu meinem Wassernapf unter der Treppe laufe.
Als Herrchen mein Schlabbern hört, hellt sich seine finstere Miene auf: »Hast eigentlich Recht, Billy Backenzahn, auf den Schreck könnte ich mir auch ein Schlückchen genehmigen!«
Und als er mir dann zuprostet, muss ich schon wieder ein bisschen lachen. Aber gewürztes Hackfleisch esse ich bestimmt nie wieder.

Der Tagesausflug

Heute hat Herrchen uns ganz schön strapaziert, und das kam so:
Wir sind für zwei Wochen verreist – nach Südfrankreich.
»Bei dem schönen Wetter machen wir einen Tagesausflug, Elfi. Wir fahren zuerst nach Nîmes, dann nach Arles und im Anschluss noch nach Aigues-Mortes«, erklärt Herrchen, während er den Reiseführer ins Handschuhfach legt.
»Ist das nicht ein bisschen viel, Kalle, gleich drei Städte an einem Tag?«, wendet Frauchen ein. »Da müssen wir bei der Hitze über hundert Kilometer fahren. Ich glaube, das strengt ganz schön an.«
»Papperlapapp, Elfi, wir machen das Schiebedach und die Fenster auf, so bekommen wir immer frischen Wind und werden außerdem noch braun«, erwidert Herrchen und fährt los.
Nach 32 Kilometern sind wir in Nîmes. »Zuerst

besichtigen wir die Ausgrabungen aus der Römerzeit, dann die Arena und zum Schluss das Museum«, erklärt uns Herrchen, als er endlich einen Parkplatz gefunden hat.

»Kalle, willst du nicht auch deinen Sonnenhut mitnehmen?«, fragt Frauchen, die sich ihren lustigen Strohhut aufgesetzt hat.

»Ich will braun werden, Elfi. Zu Hause sollen die Nachbarn sehen, dass wir im Süden Urlaub gemacht haben«, wehrt Herrchen den gut gemeinten Ratschlag ab und kauft die Eintrittskarten.

Ich finde es ziemlich langweilig, zwischen lauter Ruinen und Mauerresten rumzulaufen. Mein Herrchen nicht, er rennt durch die Gegend und knipst Bilder. »So, das hätten wir. Die nächsten Dias mache ich in der Arena.«
Die Arena von Nîmes ist ein riesiges rundes Bauwerk, aber für mich genauso langweilig wie alles von den alten Römern, ich muss immer an der Leine gehen – und dann die Hitze! Bloß, damit Herrchen unseren Nachbarn beim Dia-Abend demonstrieren kann, was er alles besichtigt hat!

Ich würde viel lieber auf einer Wiese im Schatten eines Olivenbaumes liegen und dösen, als in einer lauten Stadt mit Autogestank alte Bauwerke zu besichtigen.

»So, ihr beiden, nun gehen wir ins Museum«, reißt Herrchen mich aus meinen Wunschträumen.

»Kalle, lass uns doch mal eine Pause machen«, schlägt Frauchen vor. »Mir tun schon die Füße weh vom vielen Laufen, außerdem schwitze ich furchtbar, ein Eis im Schatten wäre jetzt genau das Richtige«, dabei zieht sie Herrchen unter den Sonnenschirm eines Straßencafés.

»Ihr seid mir vielleicht zwei müde Krieger«, stichelt Herrchen, als ich mich sofort neben Frauchens Stuhl in den Schatten fallen lasse.

»Ich bleibe in der Sonne, da werde ich schön braun, und trinke einen Kaffee, damit ich munter bleibe«, ruft er fröhlich und bestellt bei einem kleinen Kellner in schwarzer Weste und mit einem großen Schnurrbart Eis und Kaffee.

Die Straßencafés in Südfrankreich sind toll: Man sitzt unter grünen Platanen, das sind riesige

Bäume, auf denen unzählige Spatzen herumtoben und miteinander streiten. Außerdem stehen bunte Sonnenschirme da, man kann sich im Schatten ausruhen, vorbeilaufende Hunde beobachten oder an den Baumstämmen schnüffeln. Frauchen löffelt genießerisch ihr Eis, während Herrchen sich etwas Sonnenöl auf die Stirn reibt.

Dann nimmt er zwei Stück Zucker für seinen Kaffee, rührt um und als er gerade trinken will, platsch – fällt etwas von oben herunter in seine Tasse, dass Herrchen der Kaffee ins Gesicht spritzt. Wahrscheinlich hat ein Spatz beim Streiten vor Aufregung Durchfall bekommen, und das genau über Herrchens Kaffeetasse. Ganz bedeppert schaut mein Herrchen aus.

Als Frauchen ihn neckt: »Mensch, Kalle, bist du braun im Gesicht, da muss ich schnell ein Foto machen, damit alle sehen, dass wir im Süden waren«, muss ich schon wieder ein bisschen lachen.

Die dressierten Pudel

Heute sollte ich dressiert werden, und das kam so: Frauchen räumt gerade den Kaffeetisch ab, da höre ich Herrchen stöhnen: »Elfi, drei Stück Nusskranz sind doch zu viel. Meine Hose spannt so, dass wir unbedingt einen Spaziergang machen sollten.«

Als ich das höre, komme ich von meinem Platz unter der Treppe hervorgesaust und springe freudig an Herrchen hoch. »Pfui, lass das, Billy Backenzahn«, wehrt Herrchen meine stürmische Begeisterung ab, während Frauchen Leine und Halsband vom Haken holt.

»Kalle, wir könnten doch zum Festplatz gehen und uns beim Zirkus Boppelini umsehen. Sicher kann man da über den Zaun schauen und die Artisten beim Üben beobachten«, schlägt sie vor. Bald sind Herrchen, Frauchen und ich an der

Festwiese angekommen, wo der Zirkus gastiert. Man hört das schrille Trompeten eines Elefanten, das dumpfe Gebrüll der Löwen und dazwischen ein helles Jiffen.
Herrchen bleibt am Zaun stehen und schon geht es los: »Schau dir mal diese niedlichen und gut dressierten Hunde an, Billy Backenzahn. Die können auf zwei Beinen gehen und ganz aufrecht sitzen, ohne umzufallen. Und was kannst du? Nur lachen und Quatsch machen! Nachher, wenn wir zurück sind, üben wir zu Hause auch einmal ›auf zwei Beinen gehen‹ und ›aufrecht sitzen‹.«
Da entdecke ich sie auch – drei Pudel, mit roten Hütchen auf dem Kopf und gelben Röckchen um den Bauch! Sie laufen auf den Hinterbeinen im Kreis herum. Das sieht vielleicht doof aus! Und erst der Dompteur! Er trägt einen groß karierten Clownsanzug und ebenfalls ein rotes Hütchen auf dem Kopf.
»Wenn du Billy dressieren willst, musst du natürlich auch so einen schicken Anzug haben wie der Dompteur«, meint Frauchen mit ernster Miene.

»Wir können ja nachher gleich in die Stadt gehen und nach einem passenden Karostoff schauen. Ich nähe dir gerne auch so ein verrücktes Clownskostüm, denn das brauchst du unbedingt, wenn du dann mit Billy im Garten trainierst.«

Da wird Herrchen ein bisschen blass. Er sieht plötzlich gar nicht mehr so begeistert aus. »Wenn ich es mir richtig überlege, braucht Billy eigentlich nicht unbedingt auf zwei Beinen laufen zu lernen. Er tritt ja nicht im Zirkus auf und die Mühe mit dem albernen Dompteursanzug kannst du dir dann sparen. Sonst lacht womöglich nicht nur Billy über mich, sondern auch unsere Nachbarn, die Lenhardts, machen sich darüber lustig.«
Als ich das höre, bin ich so froh, dass ich schon wieder ein bisschen lachen muss.

Eine Spazierfahrt mit Lisa

Heute bin ich ganz stolz auf mich, und das kam so:
Herrchen kommt an meinen Platz unter der Treppe und was sehe ich da? Er hat eine Krawatte umgebunden! Eine blaue mit weißen Punkten!
»Billy Backenzahn, wir wollen meine Schwester Heidi besuchen. Sie hat vor vier Monaten ein Baby bekommen, eine kleine Lisa, und ich bin der Onkel.«
Herrchen mit Krawatte und stolz geschwellter Brust, so kenne ich ihn gar nicht.
Nach einer Stunde Fahrt sind wir bei Heidi und Lisa angelangt. Auf der Terrasse steht ein großer Kinderwagen, aus dem man Weinen hört. Sofort ist Herrchen bei dem Kinderwagen und klappert aufgeregt mit der Kinderrassel, die er als Geschenk mitgebracht hat. Er schaut in den Wagen

hinein, klappert noch lauter, zieht komische Grimassen und ruft »Duut, duut, duut, duut …«
»Was ist denn hier los?«, wundert sich Heidi, die den Lärm gehört hat und in der Terrassentür erscheint.
»Du Rabenmutter! Meine Nichte weint stundenlang auf der Terrasse und du lässt sie allein und kümmerst dich nicht um sie. Schäm dich!«, brummt Herrchen.
»Sag mal, Kalle, glaubst du, die Babywäsche wäscht sich von alleine und der Brei kocht sich selbst?«, erwidert Heidi. »Aber wenn du meinst, dass Lisa vernachlässigt wird, dann könnt ihr beide ja mit ihr spazieren gehen.«
Damit ist Herrchen sofort einverstanden. Stolz schiebt er den Kinderwagen auf den Bürgersteig und wir gehen in Richtung Stadtmitte. Ich laufe brav neben dem Wagen her, während Herrchen ab und zu mit der Rassel klappert und »Duut, duut, duut« macht. Manche Passanten bleiben verdutzt stehen, andere schütteln den Kopf und lächeln über mein Herrchen. Der merkt von

allem nichts, im Gegenteil: Aufgeplustert wie ein Pfau stolziert er die Königstraße entlang, klappernd und rasselnd und immer wieder sein albernes »Duut, duut, duut« sagend.

Dann kommen plötzlich zwei Mädchen auf uns zu und fragen: »Opa, dürfen wir mal deinen Enkel sehen?«

Herrchen bekommt einen puterroten Kopf und antwortet: »Erstens bin ich der Onkel und zweitens ist das Kind ein Mädchen und heißt Lisa.«

Kichernd gehen die beiden Mädchen weiter.

Da nimmt Herrchen meine Leine und bindet mich am Griff des Kinderwagens fest: »So, Billy Backenzahn, jetzt kannst du dich nützlich machen und Lisa nach Hause ziehen. Heidi ist bestimmt inzwischen mit der Wäsche und dem Brei fertig.«

Während wir so heimwärts zockeln, bleiben wieder Leute stehen. Aber diesmal lachen sie nicht, sondern staunen über mich und manche sagen: »Ist das aber ein wohlerzogener Hund! Und wie behutsam er den Kinderwagen zieht! Das ist wirklich ein toller Kerl!«
Da muss ich vor lauter Stolz schon wieder ein bisschen lachen, während Herrchen sich zum Trost eine Rolle Pfefferminzdrops kauft.

Das gelbe Gummiboot

Heute war für Herrchen ein anstrengender Tag, und das kam so:
Die Sonne scheint, ein lauer Wind weht und die Vögel singen. Es ist ein wunderschöner Tag. Herrchen liegt in der Hängematte, während ich im Schatten döse.
»Billy, ist dir auch so langweilig?«, sagt er plötzlich zu mir. »Frauchen ist noch bis übermorgen in Hannover bei ihren Schwestern, da könnten wir eigentlich einen zünftigen Männerausflug machen! Wir fahren zum Baggersee und nehmen unser gelbes Schlauchboot mit!«
Toll! Schlauchbootfahren finde ich klasse!
Herrchen holt das aufgeblasene Boot aus der Garage, bindet es auf dem Dachständer des Autos fest, verstaut die Paddel im Kofferraum – und los geht's.
Bald sind wir am Baggersee angelangt. Herrchen

zieht sich bis auf die Badehose aus, holt das Schlauchboot vom Autodach und stülpt es sich über den Kopf. Das sieht lustig aus: ein gelbes Schlauchboot mit einem Bauch darunter und zwei Beinen!

Dann fängt das seltsame Wesen auch noch an zu hüpfen und zu schimpfen: »Autsch, auaa, verflixtes Bügeleisen! Diese blöden Kieselsteine tun ja richtig weh!« Herrchen stelzt barfuß wie ein Storch im Salat und ist froh, als er endlich am Ufer angelangt ist. Mit einem lauten »Pflatsch« wirft er das Gummiboot ins Wasser.

Ich springe mit einem großen Satz ins Boot, während Herrchen es vom Ufer abstößt und dann auch hineinklettert. Es schaukelt ganz schön, aber ich habe überhaupt keine Angst, da ich ein guter Schwimmer bin.

»Ahoi«, albert Herrchen los, während er auf den See hinauspaddelt. Die Sonne brennt mir ganz schön auf meinen schwarzen Pelz. Auch Herrchen wischt sich ab und zu über die Stirn.

Nach einer Weile schwitzt er so, dass er anfängt

zu stöhnen: »Billy, jetzt könntest du eigentlich mal eine Weile das Schlauchboot ziehen. Ich binde dich an die Leine, du springst ins Wasser und schwimmst voraus.«

Als ich Herrchen verdutzt und ungläubig anschaue, versetzt er mir einen Schubs, dass ich das Gleichgewicht verliere und ins Wasser springen muss. Dabei kommt das gelbe Gummiboot so ins Schwanken, dass auch Herrchen – platsch – ins Wasser kippt.

Prustend taucht er wieder auf und will sich am Schlauchboot fest halten, aber dabei erwischt er

ausgerechnet die Schnur mit dem Verschlussstöpsel! Pfffffft – der Stöpsel geht raus und die Luft entweicht.
Herrchen schimpft und versucht den Schaden zu beheben, doch vergebens. Das Schlauchboot wird schlaff und schlaffer. »Ach du dickes Lieschen«, jammert Herrchen, »jetzt muss ich das doofe Ding schwimmend bis ans Ufer schleppen.« Er rudert mit den Armen, zieht, stöhnt und prustet. Endlich erreichen wir das Ufer.
Da steht er nun, mein Herrchen, und japst fürchterlich nach Luft. Als er keuchend sagt: »Billy, jetzt bin ich aber reif für die Hängematte in unserem Garten«, bin ich froh, dass ich das gelbe Gummiboot nicht durchs Wasser ziehen muss, und vor Erleichterung lache ich schon wieder ein bisschen.

Das offene Gartentor

Heute habe ich etwas sehr Unvernünftiges getan, und das kam so:
Frauchen ist früh am Morgen zu ihren Eltern in den Schwarzwald gefahren. Herrchen hat sie zum Bahnhof gebracht und ist danach gleich in seinem Arbeitszimmer verschwunden. Ich döse ein bisschen auf meinem Platz unter der Treppe, doch nach einer halben Stunde wird es mir langweilig.
Ich gehe in Herrchens Arbeitszimmer und stupse mit meiner schwarzen Nase an Herrchens Ellbogen. Ob er wohl versteht, dass ich spazieren gehen will? Denkste! Er reagiert überhaupt nicht. Da fange ich ein bisschen an zu fiepen und anschließend belle ich ganz vorsichtig.
Unwillig schaut Herrchen mich an und schon geht's los: »Billy Backenzahn, du alter Plagegeist! Siehst du nicht, dass ich arbeiten muss? Ich

habe jetzt keine Zeit mit dir spazieren zu gehen. Hinter unserem Haus ist so eine schöne Wiese, da kannst du rumtollen, und wenn es dir langweilig wird, dann renne eben zehnmal ums Haus.«

Als ob ich ein Zirkuspferd wäre, das immer im Kreis herumläuft! Beleidigt trotte ich in den Garten. Wenn es doch bloß nicht so langweilig wäre. Doch was sehe ich da? Das Gartentürchen steht offen! Herrchen hat wohl vergessen es richtig zu schließen.

Da kommt mir eine Idee: Wenn Frauchen nicht da ist und Herrchen keine Zeit für mich hat, dann gehe ich eben alleine spazieren.

Am Anfang macht es großen Spaß, über die Wiese hinter dem Haus zu laufen, an den Bäumen und Sträuchern zu schnüffeln oder auch einmal eine Kuh mit lautem Gebell zu erschrecken, obwohl Herrchen das verboten hat.
Dann entdecke ich die alte Scheune, in die ich nicht hineindarf, weil sie angeblich baufällig ist und einstürzen kann. Aber was verboten ist, macht natürlich besonders neugierig.

Vorsichtig stoße ich die morsche Tür mit meinem Kopf auf. Wie die quietscht und knarrt! Drinnen ist es duster, fast ein bisschen unheimlich. Lauter Spinnweben, Staub und Dreck, man kann kaum etwas sehen, aber umso mehr riechen! Neugierig pirsche ich ins Innere der verfallenen Scheune vor.

Und … plötzlich habe ich keinen Halt mehr unter den Pfoten und stürze in ein Loch.

Au weia, hab ich mich erschrocken! Als ich mich ein wenig von meinem Sturz erholt habe, will ich natürlich aus meinem Gefängnis heraus, doch die Grube ist zu tief; so kräftig ich auch springe, die Wände sind viel zu hoch.
So hatte ich mir meinen Ausflug natürlich nicht vorgestellt, aber Herrchen wird mich sicher bald vermissen und nach mir suchen. Um ganz sicherzugehen, belle ich laut und ausdauernd, damit er mich auch findet.
Zehn Minuten vergehen, zwanzig Minuten vergehen, aber nichts geschieht. Das darf doch nicht wahr sein, Herrchen muss mich doch suchen! Ich belle, so laut ich kann. Langsam bekomme ich es doch ein wenig mit der Angst zu tun.
Aber dann höre ich etwas. Ruft da nicht Herrchen nach mir? Und tatsächlich – knarrend öffnet sich die Tür und mein Herrchen erscheint oben am Rand der Grube. »Da bist du ja, du Ausreißer! Wie oft habe ich dir schon gesagt, du sollst nicht in die alte Scheune gehen!«, schimpft er, während er eine Leiter holt und zu mir ins Loch steigt.

Er packt mich unter Bauch und Brustkorb und schleppt mich schnaufend nach oben. Endlich bin ich aus meinem Gefängnis befreit! Ich bin sehr froh, als ich aus der Scheune heraus auf die Wiese laufen kann.

Als Herrchen mit dem Zeigefinger droht, aber nicht mehr schimpft, bin ich so glücklich, dass ich schon wieder ein bisschen lachen muss. Ausreißen werde ich bestimmt nicht mehr!

Das Fußballspiel

Heute habe ich mein Herrchen ziemlich verärgert, und das kam so:
Nach dem Mittagessen klingelt das Telefon. Herrchen hebt den Hörer ab und ich höre ihn sagen: »Klar bin ich noch in Form. Und wenn der Toni ausgefallen ist, helfe ich eben aus. Natürlich bin ich pünktlich! Also dann bis siebzehn Uhr!«
Er legt auf und ruft Frauchen zu: »Elfi, wo sind denn meine alten Torwartsachen? Heinz hat angerufen, ihr Torwart, der Toni, ist krank geworden und sie brauchen einen Ersatzmann. Die Altherren-Fußballmannschaft der SV Germania hat ein wichtiges Freundschaftsspiel und sie brauchen einen guten Torwart.«
Schmunzelnd holt Frauchen die karierte Sporttasche vom Dachboden. Herrchen öffnet sie und kontrolliert den Inhalt. »Alles komplett, wie es

sein soll«, murmelt er zufrieden und stellt die Tasche neben die Haustür.
Um halb fünf verabschiedet er sich mit den Worten: »Die alten Kumpel werden sich wundern, wie fit ich bin«, und schließt die Haustür.
»Das können wir uns nicht entgehen lassen, Billy«, sagt Frauchen und holt Halsband und Leine.
Da der Fußballplatz nicht weit weg ist, sind wir pünktlich um fünf Uhr dort. Die beiden Mannschaften stehen bereits auf dem Platz.

Alle Spieler sind schon etwas älter. Manche haben kaum noch Haare auf dem Kopf und einige einen Bauch. Doch den dicksten hat mein Herrchen. Wie bei dem die Sporthose kneift und der Torwartpullover spannt! Sogar ein Stückchen nackten Bauch kann man sehen.
Das Spiel beginnt. Manche Zuschauer lachen, andere feuern ihre Mannschaft an. Warum die wohl alle hinter dem Ball herrennen und nur mein Herrchen nicht? Immer haben die anderen den Ball und er steht bloß im Tor und guckt.
Als einer der Spieler mit dem Ball direkt neben mir vorbeirennt, sause ich auf ihn zu und will ihm den Ball abnehmen, damit Herrchen auch mal damit spielen kann.
Doch der Mann vom FC Großingersheim hat offensichtlich Angst vor großen schwarzen Hunden und rast wie eine Rakete auf Herrchens Tor zu. Ich hinterher. Auf einmal tritt er kräftig gegen den Ball und schon fliegt dieser an meinem verdutzten Herrchen vorbei ins Tor.
Alle Spieler von Großingersheim jubeln und

rufen: »Tor, Tor, eins zu null für uns!« Einige kommen auf mich zu und streicheln mich.

Nur mein Herrchen ist stinkwütend. »Jetzt hast du doofer Hund dem lahmen Gegner so Beine gemacht, dass keiner von meiner Mannschaft ihn mehr stoppen konnte. Warum bleibst du nicht bei Frauchen? – Elfi, binde sofort Billy an, damit dieser Unglückshund nicht noch mehr Unheil anrichtet!«

Dabei wollte ich doch nur, dass Herrchen auch mal den Ball bekommt!
Frauchen ist dann lieber mit mir spazieren gegangen.
Um sieben Uhr abends kommt Herrchen nach Hause, ganz dreckig und verschwitzt, aber glücklich. »Wir haben drei zu zwei gewonnen«, erklärt er strahlend, »aber nur, weil Billy den anderen nicht mehr geholfen hat.«

Als ich Herrchen treuherzig von unten herauf anschaue, ist er nicht mehr böse mit mir. Er verschwindet im Badezimmer und singt sogar: »So ein Tag, so wunderschön wie heute«, wenn auch leider schrecklich falsch. Da muss ich gleich wieder ein bisschen lachen.

Gunter und Gerd

Heute ging es ziemlich turbulent bei uns zu, und das kam so:
Herrchen kommt begeistert die Treppe heruntergestürzt: »Elfi, ich habe eine tolle Idee! Wir veranstalten eine Überraschungsparty – wir rufen alle unsere Freunde an und laden sie für heute Abend zu uns ein. Jeder soll etwas zum Essen mitbringen und wir stiften die Getränke!«

Frauchen findet die Idee auch sehr lustig und ist einverstanden. Herrchen fängt sofort an zu telefonieren.
Bald klingelt es, die ersten Gäste kommen. Daisy und Klaus stehen draußen. Klaus hat eine große Schüssel mit Apfelgrütze im Arm. »Die Schlagsahne musst du nachher noch schlagen«, erklärt er Frauchen, während Daisy mir einen ganz kleinen Hundekuchen hinhält: »Einen schönen Gruß von Hannibal!«
Hannibal ist ein winziger Yorkshireterrier und Daisys Liebling.
Leider fressen kleine Hunde nur so mickrige Hundekuchen, denke ich, während ich mit einem Bissen das Geschenk vertilge.
Dann geht es Schlag auf Schlag: Manfred und Brigitte bringen Käse und Rohkostsalat mit, Hanna und Rudi haben gefüllte Kalbsbrust und frisches Bauernbrot dabei. Gerhard und Marita kommen mit gebratenen Koteletts und einem leckeren Kalbsknochen für mich. Man merkt gleich, dass die beiden eine große Schäferhündin

haben, sie heißt Dina und ist besonders hübsch. »Wo nur unsere beiden Junggesellen Gunter und Gerd bleiben?«, wundert sich Herrchen. Da ertönt ein ohrenbetäubender Lärm vor der Haustür. Entsetzt läuft er hinaus – und stößt fast mit Gunter und Gerd zusammen, beide in groß gemusterten Karojacken und jeder hat eine Dauerwurst in der Hand. In der anderen Hand hält Gunter eine kleine Trompete und Gerd eine Tröt-Schlange.

Daher der Lärm! »Hallo, ihr trüben Tassen«, rufen sie, »jetzt kommen die lustigen Jungs und bringen Stimmung in die müde Bude!«
Gunter holt einen Füllfederhalter aus der Jackentasche und schüttelt ihn so kräftig, dass Manfreds weißes Hemd im Nu mit großen Tintenklecksen bedeckt ist. Die Umstehenden schauen verdutzt, aber Gerd fängt schallend an zu lachen: »April, April, ein kleines Späßchen vom lieben Gunter – es ist nur Zaubertinte!«
Inzwischen hat Gunter unbemerkt aus einem kleinen Köfferchen ein Tütchen geholt, es aufgerissen und ein weißes Pulver auf seine Hand geschüttet, das er heimlich unter die Gäste pustet. Schlagartig fangen alle an zu niesen und zu prusten, manche schnäuzen sich kräftig in ihre Taschentücher, anderen laufen vor Anstrengung die Tränen aus den Augen.
Gunter und Gerd schlagen sich vor Freude auf die Schenkel. »Niespulver ist doch immer wieder lustig, was, Leute? Das macht Stimmung!«
Als Gunter erneut in sein Köfferchen greift und

verstohlen eine Zigarre herauszieht, bemerkt dies mein Herrchen. Sein Gesichtsausdruck ist gar nicht mehr fröhlich. Er verschwindet im Abstellraum. Gunter bietet Klaus die Zigarre an: »Na, alter Junge, wie wär's mit einer echten Havanna?«, und gibt ihm auch gleich Feuer.

Dieser fängt genüsslich an zu paffen. Doch mit einem ohrenbetäubenden Knall explodiert die Scherzzigarre. Klaus erschrickt furchtbar, Gunter und Gerd können sich vor Lachen kaum noch auf den Beinen halten.
Plötzlich wird es mit einem Schlag stockdunkel

im Haus. Ich schalte sofort: Herrchen hat die Stromsicherungen herausgedreht und will die Finsternis ausnutzen, um das kleine Köfferchen mit den Scherzartikeln zu verstecken. Ich sause los, um meinem Herrchen zu helfen.
Da spüre ich eine Hand auf meiner kalten Nase und eine zweite auf meinem Rücken.
»Hilfe, ein kalter glitschiger Seehund«, gellt ein Schrei. »Und hier ist ein riesiger Zottelbär!«, ruft eine andere Stimme voller Angst. Es sind Gunter und Gerd, die auf der Suche nach ihrem Köfferchen aus Versehen mich angefasst haben.
Plötzlich geht das Licht wieder an. Alle sehen, was geschehen ist, und fangen an zu lachen – Klaus und Daisy, Manfred und Brigitte, Rudi und Hanna, Gerhard und Marita. Auch Frauchen und Herrchen, der wieder ins Wohnzimmer gekommen ist, amüsieren sich über die beiden Angsthasen.
Nur Gunter und Gerd sind ziemlich verdattert und recht kleinlaut. Über ihre dummen Gesichter muss ich noch den ganzen Abend lachen.

Auf dem Rummelplatz

Heute habe ich etwas Tolles gewonnen, und das kam so:
Nach dem Abendessen sagt Herrchen: »Elfi, ich hätte noch Lust auf den Rummelplatz zu gehen. Kommst du mit?«
»Ja, gerne«, entgegnet Frauchen, »aber nur, wenn Billy auch mitdarf.«
Das finde ich riesig von Frauchen, dass sie mich mitnehmen will, und ich mache vor Freude einen Luftsprung.
Wir gehen los und hören schon bald die Musik, das Klingeln, Hupen und Rufen vom Rummelplatz. Was es da alles gibt! Ein Riesenrad, Losbuden, Karussells, Boxautos, Schießbuden, eine Geisterbahn und natürlich Wurstbratereien, bei denen man oft ein halbes Brötchen oder einen Wurstzipfel auf dem Boden entdecken kann. Auch Lebkuchenhäuschen sind da, hier findet

man manchmal Waffelstücke, Magenbrot oder süßes Popcorn.
Wie verführerisch das riecht! Doch Herrchen und Frauchen denken nicht daran, ein Würstchen zu essen. »Wir haben doch gerade zu Abend gegessen, Billy«, ermahnt mich Herrchen, weil ich ihn so traurig anschaue.
»Kalle, komm, wir fahren mit dem Riesenrad«, sagt Frauchen.
»Ach, nö, lieber nicht, da wird mir jedes Mal schwindlig«, wehrt Herrchen ab. »Aber Geisterbahn könnten wir fahren«, schlägt er vor.
»Das ist nichts für mich, da graust es mir immer ein bisschen«, meint Frauchen.
Inzwischen sind wir an der Schießbude angelangt. »Wer will noch mal, wer hat noch nicht?«, ruft ein kleiner Mann mit roter Nase und hält Herrchen ein Gewehr hin. »Drei Schuss ’ne Mark, der Herr«, fährt er fort.
Herrchen legt eine Mark auf die Theke, zielt, schießt und … daneben! Beim zweiten Versuch trifft er das weiße Röhrchen und eine rote Plas-

tikrose fällt auf den Boden. Noch einmal peng … eine gelbe Papierblume fällt ebenfalls herunter. Galant überreicht er Frauchen seine Trophäen. »Nun wollen wir unser Glück an der Losbude versuchen«, meint er dann. Er zückt wieder seine Geldbörse, um einige Lose zu kaufen. »Jetzt bist du dran, Elfi, sechs Lose kannst du dir nehmen.«

Frauchen greift in den Eimer, den ihr eine freundliche dicke Frau mit weißem Hütchen hinhält. »Zwei für mich, zwei für dich und zwei für Billy«, zählt Frauchen lachend.

Sie wickelt die ersten Lose aus, leider nur Nieten. Bei Herrchens Losen sind eine Nummer und eine Niete, bei meinen Losen ebenfalls eine Nummer und eine Niete dabei. »Da bin ich gespannt, was ihr gewonnen habt«, sagt Frauchen. Sie verschwindet in der Menschenmenge, um die Preise abzuholen. Neugierig warten Herrchen und ich auf ihre Rückkehr.

Endlich kommt sie wieder, geheimnisvoll hält sie beide Arme auf dem Rücken versteckt. »Na, ihr Glückspilze, was glaubt ihr wohl, was ihr gewonnen habt?«

Fragend schaut Herrchen mich an und zuckt mit den Schultern.

»Billys Preis ist – eine Dauerwurst! Und du hast ein großes Lebkuchenherz mit der Aufschrift *Mein Dickerle* gewonnen!« Lachend hängt sie es Herrchen um den Hals.

Als ich zur Probe an der Wurst schnuppern darf und mir genüsslich die Lippen lecke, müssen wir alle drei lachen. Nun will ich gar nicht mehr zur Würstchenbude.

Räuber und Gendarm

Heute hab ich ein neues Spiel kennen gelernt, und das kam so:
Frauchen kommt mit einem großen Blumenstrauß aus dem Garten und sagt: »Billy Backenzahn, wir besuchen meine Schwester Karin und ihre Kinder Hannes, Clara und Lena. Herrchen will die Garage aufräumen, deshalb fahren wir beide allein.«
Toll – ein Ausflug mit Frauchen!
Nach einer halben Stunde Autofahrt sind wir am Ziel. Die drei Kinder begrüßen uns stürmisch. Ich werde gestreichelt, gekrault und getätschelt – aahh – wie das gut tut! Das habe ich besonders gerne!
»Kommt rein, der Kaffeetisch ist schon gedeckt«, begrüßt uns Karin an der Haustür. »Elfi, sind die Blumen aber schön. Vielen Dank!« Die beiden Frauen gehen ins Wohnzimmer, während Hannes,

Clara und Lena im Kinderzimmer verschwinden. Neugierig laufe ich ihnen nach.
»Was wollen wir spielen?«, fragt Hannes, als er sich auf den Fußboden setzt.
»Mensch ärgere dich nicht!«, ruft Clara.
»Nein, schwarzer Peter!«, schreit Lena. »Mensch ärgere dich nicht ist doof!«
»Schwarzer Peter ist noch viel doofer!«

Da wird es Hannes zu dumm: »Ruhe, ihr beiden Streithähne! Wir spielen etwas, bei dem Billy Backenzahn auch mitmachen kann: Räuber und Gendarm! Clara und ich sind die Räuber und Lena ist Polizist und muss uns mit Billy als Polizeihund aufspüren.«
»Toll!«, ruft Clara, aber Lena mault: »Ich will lieber ein Räuber sein als so ein blöder Polizist.«
»Gut, dann bin ich der Gendarm und du ein Räuber«, beruhigt Hannes seine Schwester.
Die Mädchen setzen sich Schlapphüte auf und Hannes eine grüne Schirmmütze. Clara und Lena verschwinden aus dem Zimmer, während Hannes mir erklärt: »Ich zähle jetzt bis 20, dann musst du beweisen, dass du ein guter Spürhund bist, Billy Backenzahn.«
Auf dem Flur ist es still, nur aus dem Wohnzimmer hört man leise die Frauen reden. Ich schleiche ins Arbeitszimmer von Vater Christian, und was sehe ich unter dem Vorhang vorschauen? Ein paar rote Schuhe! Sie gehören Clara.
Hannes spricht mit ernster Miene: »Im Namen

des Gesetzes, Sie sind verhaftet«, und holt Clara aus ihrem Versteck.
Aber wo ist Lena? So sehr wir auch suchen, wir finden sie nicht. Ich trabe an Karins Nähzimmer vorbei – doch halt, war da nicht eben ein Geräusch? Vorsichtig schleiche ich hinein, schnüffle unter das Sofa und was entdecke ich? Lena!

Wütend krabbelt sie mit ihrem Schlapphut hervor und reibt sich den Kopf. »Mit dem blöden Hut stößt man sich den Kopf an und sehen kann man auch nichts, weil der viel zu groß ist«, mault sie. »Außerdem ist es unfair, mit einem richtigen Hund Gendarm zu spielen, der riecht einen ja gleich! Wenn man sich als Räuber immer wehtut,

will ich doch lieber Polizist sein.« Sie nimmt Hannes die Schirmmütze vom Kopf, setzt sie sich auf und sieht schon wieder nichts, weil auch diese ihr viel zu groß ist.

Da müssen Hannes, Clara und ich so lachen, dass auch Lena angesteckt wird und nicht mehr wütend ist.

Es wurde noch ein lustiger Nachmittag mit den Kindern in Freiburg.

Der Kürbiskopf

Heute hat Frauchen eine tolle Idee gehabt, und das kam so:
Den ganzen Tag regnet und stürmt es. »Kalle, ein bisschen solltest du aber doch mit Billy spazieren gehen«, ermuntert Frauchen mein Herrchen, als dieser sich's gerade mit der Zeitung im Sessel bequem machen will. »Immer ich«, mault Herrchen, »der Lachwachhund könnte ja bei dem Mistwetter alleine spazieren gehen!« Dann zieht er aber doch seinen gelben Anorak an, streift die Kapuze über den Kopf und los geht's.
Ich geb ja ehrlich zu, dass ich auch lieber bei Sonnenschein spazieren gehe und auf der Wiese herumrenne, als mir bei so einem Regenwetter einen nassen, kalten Bauch zu holen. Deshalb bin ich auch nicht traurig, als Herrchen schon nach kurzer Zeit wieder umkehrt und sagt: »Billy Backen-

zahn, mir reicht's für heute. In meinen Schuhen steht das Wasser schon so hoch, dass man Goldfische darin schwimmen lassen könnte.«

Als wir nach Hause kommen, hat Frauchen den Kamin angezündet, zwei Sessel davor gestellt, eine Kanne Tee gekocht und einige Kekse in ein Schälchen gelegt. »So, ihr nassen Frösche, macht's euch vor dem Feuer bequem. Ich will nur noch meine Bastelsachen holen.«

Während Herrchen seine feuchten Sachen auszieht und sich danach mit einem erleichterten Seufzer in einen der Sessel fallen lässt, rolle ich mich vor dem warmen Kamin zusammen. Frauchen erscheint mit einem großen Korb voller Stoffreste und setzt sich in den anderen Sessel.
»Also, ehrlich, Elfi, ich finde es ja wirklich schön, dass du Hexen bastelst, aber wir haben schon vier Stück. Kannst du dir nicht mal was anderes einfallen lassen?«, neckt Herrchen.
Frauchen sagt gar nichts, sondern beginnt zu nähen. Draußen stürmt es und der Regen trommelt gegen die Scheiben, aber bei uns hier drin ist es richtig gemütlich.
Bloß Herrchen gibt keine Ruhe: »Billy, du bist mir ein schöner Wachhund! Faul vorm Kamin zu liegen, während vielleicht draußen einer ums Haus schleicht oder sich am Auto zu schaffen macht!«
»Jetzt lass uns beide bitte in Frieden, lies lieber deine Zeitung und trink deinen Tee, bevor er kalt wird, du alter Meckerfritze«, erwidert Frauchen.

Brummelnd nimmt Herrchen seine Zeitung und liest, doch schon nach wenigen Minuten ist er eingeschlafen.
Leise steht Frauchen auf, zwinkert mir zu und verschwindet in der Küche. Sie hat etwas vor, da muss ich dabei sein. Aus der Speisekammer holt sie einen großen Kürbis, schneidet den Deckel ab und beginnt ihn mit einem Messer und einem Löffel auszuhöhlen. Es dauert fast eine halbe Stunde, dann ist sie fertig.
»So, nun kommt noch das Gesicht«, erklärt sie mir und schneidet vorsichtig Augen, eine Nase und einen großen Mund in den Kürbis. »Jetzt noch eine Kerze hinein und fertig ist der Kürbiskopf!« Leise schleichen wir zurück zu Herrchen, der immer noch schläft. Frauchen stellt den Kürbiskopf auf das Tischchen, zündet die Kerze darin an und räuspert sich laut.
Herrchen fährt aus dem Schlaf hoch und sieht dem grinsenden, leuchtenden Kürbiskopf direkt ins Gesicht. »Huch, was ist denn das für ein Scheusal!« Entsetzt springt er aus seinem Sessel

und starrt verdattert erst Frauchen, dann mich und schließlich wieder den Kürbiskopf an. »Hab ich mich erschrocken, Elfi«, stottert er und greift sich einen Butterkeks. »Ich glaube, es ist doch besser, wenn du weiterhin deine niedlichen Hexen bastelst. Den gruseligen Kürbiskopf stellen wir zur Abschreckung ins Fenster, da traut sich bestimmt keiner auf unser Grundstück und Billy kann meinetwegen vor dem Kaminfeuer liegen bleiben.«
Als ich das höre, muss ich vor Freude schon wieder ein bisschen lachen und rolle mich zufrieden vor dem Kamin zusammen.

Volltreffer

Heute hat Herrchen ganz schön daneben gezielt, und das kam so:
Endlich hat es geschneit. Herrchen kramt eine ganze Weile im Garderobenschränkchen herum. »Wo ist bloß meine blaue Pudelmütze, Billy Backenzahn? Ich kann das doofe Ding nicht finden.« Er wühlt zwischen Handschuhen, Seidentüchern, Kappen und Mützen von Frauchen herum, bis es ihm zu dumm wird. Er zieht seinen gestreiften Wollschal aus der Unordnung, die er gemacht hat, und wickelt diesen einfach um seinen Hals und seinen Kopf. Ein bisschen komisch sieht mein Herrchen schon aus, als ob er Zahnschmerzen hätte.
Dann stapft er zum kleinen Schuppen unter den Apfelbäumen, holt die Schneeschaufel und beginnt den Bürgersteig freizuräumen, während ich mich genüsslich im Schnee wälze. Ich mag es,

wenn Schnee liegt, man kann so herrlich darin herumtollen und Herrchen ist immer gut gelaunt. Manchmal benimmt er sich wie ein kleiner Junge. So auch heute.

Nachdem er mit dem Schneeschippen fertig ist, fängt er an einen Schneemann zu bauen. Er beginnt mit einem Schneeball, den er am Boden rollt, sodass daran immer mehr Schnee hängen bleibt.

»So, Billy Backenzahn«, stöhnt er nach einer Weile, als der Schneeklumpen so dick und schwer geworden ist, dass er sich nicht mehr rollen lässt, »das ist der Bauch. Jetzt kommt noch der Oberkörper und dann der Kopf.« Als er die drei riesigen Schneeballen fertig hat, setzt er sie aufeinander, zuunterst liegt der größte, darauf kommt der mittlere und oben der kleine.

Aus dem Schuppen holt er eincn roten Plastikeimer und Kohlestückchen, die er als Mund und Augen in die oberste Kugel steckt. Den roten Eimer stülpt er als Hut obendrauf. »Jetzt fehlt nur noch die Mohrrübennase«, stellt er zufrieden fest, als er seine Schneeplastik kritisch begutachtet. »Die soll uns Frauchen spendieren, außerdem muss sie unbedingt unser Werk besichtigen.«
Er verschwindet im Haus und bald darauf erscheint er mit Frauchen.
Auch diese hat sich einen Schal umgebunden und ihre grüne Häkelmütze aufgesetzt. In der rechten Hand hält sie eine große Mohrrübe. »So, nun wollen wir das Kunstwerk vollenden«, sagt sie und steckt dem Schneemann die Mohrrübe mitten ins Gesicht.
»Sieht er nicht toll aus, Elfi?«, fragt Herrchen begeistert, während er einen Schneeball formt. »Es ist bestimmt der größte und schönste Schneemann weit und breit, so einen haben sicher viele Leute in ihrem ganzen Leben noch nicht gesehen!«

»Also Kalle, du bist doch kein kleiner Junge, den alle Welt bewundern muss«, lacht Frauchen und macht sich ebenfalls einen Schneeball, den sie nach Herrchen wirft. Und bald ist eine lustige Schneeballschlacht im Gange. Ich springe hoch und versuche die Schneebälle zu fangen. Das macht Spaß!

»Ich kann nicht nur super Schneemänner bauen, sondern ich bin auch der beste Schneeballwerfer weit und breit«, ruft Herrchen nach einer Weile.
»Fängst du schon wieder an?«, erwidert Frauchen und zielt mit einem besonders dicken Schneeball auf ihn.
»Jetzt werde ich dem Schneemann seinen Hut vom Kopf holen«, erklärt Herrchen und holt mächtig aus. Rums – platsch – der Schneeball fliegt aber nicht auf den Eimer, sondern auf die Klingelknöpfe von Haus Nummer 83. Volltreffer!
Nach wenigen Sekunden werden Fenster geöffnet. Frau Mammel, Herr Bohnlein und Fräulein Schickemann schauen neugierig heraus. »Ist da jemand? Wer hat denn da nur geklingelt? Was gibt's?« Nun öffnet sich auch noch das Fenster von Opa Lochner.
»Kalle, willst du nicht die Leute fragen, ob sie schon jemals einen so schönen Schneemann gesehen haben?«, neckt Frauchen.
Aber Herrchen tut so, als wenn es ihn gar nicht

gäbe. Er hat sich mit hochrotem Kopf vor Verlegenheit über seinen Fehlwurf hinter dem Schneemann versteckt und sieht aus wie ein Eier legender Osterhase im Winter.

Als ich das sehe, muss ich schon wieder ein bisschen lachen.

Leseprobe
aus: *Zwei Raben mit Rucksack*
von Achim Bröger

Die Rabin Kra-Kra und der Rabe Kra flogen zum großen See. Sie war eine sehr kleine Rabin. Er war sehr groß. Und jeder trug einen Rucksack. Die beiden hockten sich in die Sonne. Überall gab es Leute und andere Raben. Die Leute badeten, fuhren Boot und spielten Ball. Die anderen Raben saßen auf einem Zaun und lästerten: »Guckt mal, die seltsamen Raben-Typen sind wieder da. Mini und Monster. Viel zu klein und viel zu groß. Und was holen die denn jetzt aus dem Rucksack?«
Badesachen packten die kleine Rabin und der große Rabe aus.
»Baden ist hier völlig unmöglich für Raben. Alles viel zu voll«, krächzten die anderen. »Sie werden untergetaucht und sie kriegen einen Ball an den Schnabel.«
Da hatten sich der große Rabe und die kleine

Rabin schon umgezogen. Und sie gingen über den Strand zum Bootshaus. »Wir wollen gar nicht baden. Wir wollen Boot fahren«, sagten sie. »Das wird bestimmt schön.«

»Überhaupt nicht! Boot fahren ist un-rabig«, krächzten die anderen. Nur eine sehr junge Rabin meinte leise: »Ich könnt mir das prima vorstellen.«

Aber leider hatte der Bootsverleiher alle Boote verliehen und er sagte: »Außerdem kriegen Raben bei mir sowieso nix!«

»Hm«, machten der große Rabe und seine kleine Freundin. Und weil ihnen gar nichts einfiel, machten sie noch einige Male traurig »hm«. Schadenfroh krächzten die anderen: »Hm-hm-hm.«

Jetzt flüsterten Kra-Kra und Kra miteinander. Dann gingen sie zum Bootssteg und der große Rabe hüpfte ins Wasser.

»Hier wird nicht gebadet!«, rief der Bootsverleiher.

»Wir baden nicht«, sagte die kleine Rabin und

der Große sagte: »Wir fahren nämlich Boot. Und das Boot … das bin ich.«
Rücken-nach-unten und Schnabel-nach-oben schwamm er im Wasser. Die Rucksäcke lagen auf seinem Bauch. Und die kleine Rabin saß auf einem Rucksack. Aus dem anderen holte sie ein Paddel, eine Hupe und den Regenschirm. Und sie paddelte ihren Freund langsam zwischen den Schwimmern und Bootsfahrern durch. Manchmal hupte sie. Der große Kra fragte: »Was bin ich eigentlich: Ein Schwimmer? Ein Boot? Ein Floß? Oder eine Insel?«
»Egal«, sagte die kleine Rabin. »Vor allem bist du mein Freund, mit dem ich so was machen kann. Bin klein genug dazu. Und du bist überhaupt riesig.«
Als die Sonne heiß schien, spannte die kleine Rabin den Regenschirm über sie beide. Und als Wind kam, blies er in den Schirm. So wurde er ein Segel.

Karlheinz Groß, geboren 1943, lebt als freischaffender Grafiker, Maler und Kinderbuchautor in Mundelsheim am Neckar. Für die ARD und das ZDF zeichnet und textet er Bildergeschichten, die unter anderem in der »Sendung mit der Maus«, »Löwenzahn«, »Pusteblume« und auch im »Sandmännchen« zu sehen sind.

Die Deutsche Bibliothek – CIP-Einheitsaufnahme

Groß, Karlheinz:
Billy Backenzahn / Karlheinz Groß.–
Stuttgart; Wien; Bern: Thienemann, 1998
ISBN 3 522 17177 2

Gesamtausstattung: Karlheinz Groß
Einbandtypografie: Michael Kimmerle
Satz: KCS GmbH in Buchholz/Hamburg
Druck und Bindung: Friedrich Pustet in Regensburg

5 4 3 2 1* 98 99 00 01